MIX
Papier aus verantwortungsvollen Quellen
Paper from responsible sources
FSC® C105338

Daniel Passweg

Das Spannungsfeld Schule: Konfliktpotenziale aus der Sicht der Lehrer/innen

Diplomica® Verlag GmbH

Passweg, Daniel: Das Spannungsfeld Schule: Konfliktpotenziale aus der Sicht der Lehrer/innen. Hamburg, Diplomica Verlag GmbH 2012

ISBN: 978-3-8428-8010-8
Druck: Diplomica® Verlag GmbH, Hamburg, 2012

Bibliografische Information der Deutschen Nationalbibliothek:
Die Deutsche Nationalbibliothek verzeichnet diese Publikation in der Deutschen Nationalbibliografie; detaillierte bibliografische Daten sind im Internet über http://dnb.d-nb.de abrufbar.

Die digitale Ausgabe (eBook-Ausgabe) dieses Titels trägt die ISBN 978-3-8428-3010-3 und kann über den Handel oder den Verlag bezogen werden.

Dieses Werk ist urheberrechtlich geschützt. Die dadurch begründeten Rechte, insbesondere die der Übersetzung, des Nachdrucks, des Vortrags, der Entnahme von Abbildungen und Tabellen, der Funksendung, der Mikroverfilmung oder der Vervielfältigung auf anderen Wegen und der Speicherung in Datenverarbeitungsanlagen, bleiben, auch bei nur auszugsweiser Verwertung, vorbehalten. Eine Vervielfältigung dieses Werkes oder von Teilen dieses Werkes ist auch im Einzelfall nur in den Grenzen der gesetzlichen Bestimmungen des Urheberrechtsgesetzes der Bundesrepublik Deutschland in der jeweils geltenden Fassung zulässig. Sie ist grundsätzlich vergütungspflichtig. Zuwiderhandlungen unterliegen den Strafbestimmungen des Urheberrechtes.

Die Wiedergabe von Gebrauchsnamen, Handelsnamen, Warenbezeichnungen usw. in diesem Werk berechtigt auch ohne besondere Kennzeichnung nicht zu der Annahme, dass solche Namen im Sinne der Warenzeichen- und Markenschutz-Gesetzgebung als frei zu betrachten wären und daher von jedermann benutzt werden dürften.

Die Informationen in diesem Werk wurden mit Sorgfalt erarbeitet. Dennoch können Fehler nicht vollständig ausgeschlossen werden, und der Diplomica Verlag, die Autoren oder Übersetzer übernehmen keine juristische Verantwortung oder irgendeine Haftung für evtl. verbliebene fehlerhafte Angaben und deren Folgen.

© Diplomica Verlag GmbH
http://www.diplomica-verlag.de, Hamburg 2012
Printed in Germany

Inhaltsverzeichnis

1.	**Einleitung**	1
2.	**Theoretischer Teil**	4
2.1.	*Begriffserklärungen*	4
2.2.	*Aufgabenschwerpunkte einer Schule*	6
2.2.1.	Bildung	6
2.2.2.	Erziehung	7
2.2.3.	Gesetzlicher Bildungs- und Erziehungsauftrag	7
2.3.	*Berufsbildende höhere Schule*	9
2.4.	*Aufgaben und Kompetenzen von Lehrer/innen*	12
2.5.	*Konfliktfelder im Spannungsfeld Schule*	17
2.5.1.	Allgemein	17
2.5.2.	Spannungsfeld Lehrer/innen - Schüler/innen	19
2.5.3.	Spannungsfeld Lehrer/innen - Eltern	23
3.	**Forschungsleitende Unterfragestellungen**	29
4.	**Empirische Untersuchung**	30
4.1.	*Methoden*	30
4.1.1.	Beschreibung der Methoden	30
4.1.2.	Begründung der Methodenwahl	35
4.2.	*Vorgangsweise*	36
4.3.	*Auswertung*	40
4.3.1.	Hauptkategorien und ihre Häufigkeitsverteilungen	41
4.3.2.	Detailauswertung der Kategorien	44
4.4.	*Interpretation*	58
5.	**Zusammenfassung und Ausblick**	68
6.	**Literaturverzeichnis**	73
7.	**Tabellenverzeichnis**	81
8.	**Abbildungsverzeichnis**	83

1. Einleitung

Lehrer/innen, technisch-orientierter Fächer, an Höheren Technischen Lehranstalten (HTL) sind nicht nur als Lehrkraft tätig, sondern haben sich auch in zwischenmenschlichen Beziehungen erfolgreich auseinanderzusetzen. Diese Lehrer/innen sind dabei Situationen ausgesetzt, denen sie sich stellen müssen und die nichts mit ihren fachlichen Ausbildungen an der Universität oder Hochschule und ihren dort erlernten Kompetenzen zu tun haben. Innerhalb der eigenen Schule ist hier die Kommunikation und (oft auch notwendige) Zusammenarbeit mit der Schuladministration – die z.B. zuständig ist für die Stundenplanerstellung und den Supplierungen – anzuführen. Weiters ist die Zusammenarbeit mit der Abteilungsleitung und der Schulleitung als Vorgesetzte, den Eltern ihrer Schützlinge und den Schüler/innen selbst zu nennen. Außerhalb der Schule kann der Einfluss der Gesetzgebung (Stadtschulrat, Landesschulrat, Ministerien…) und der Medien eine (durchaus) große Rolle spielen.

Diese Lehrer/innen arbeiten manchmal „nur" nebenberuflich an der HTL, da sie meist hauptberuflich als Unternehmer/in in einem eigenen Betrieb tätig sind. Diese Tätigkeit stellt eine der Voraussetzungen für den Lehrberuf an einer HTL dar, da neben dem Abschluss eines Studiums, eine mindestens vierjährige, einschlägige und erfolgreiche Praxis im Berufsleben vorgewiesen werden muss.

Zusätzlich zu ihren Fachausbildungen erhalten die Lehrkräfte pädagogische Schulungen an den Pädagogischen Hochschulen (PH) in der Neulehrer/innen-Ausbildung. Die Fächer Psychologie und Soziologie, mit den Schwerpunkten Kommunikation, Konfliktmanagement und Motivation sind für Absolventen und Absolventinnen technischer Universitäten/Hochschulen, die technische Fächer an HTLs unterrichten möchten, obligatorisch. Auch das Schreiben einer soziologischen Arbeit gehört als Voraussetzung für den Abschluss dieses Lehrgangs dazu.

Die Suche des Autors nach empirischen Studien über die Auswirkungen von konfliktreichen Situationen auf Lehrer/innen von HTLs brachte keine Ergebnisse. Das liegt wahrscheinlich auch daran, dass es diesen Schultyp nur in Österreich gibt und die meisten deutschsprachigen Forschungen zum Thema Schule aus Deutschland kommen.

Vorhandene Forschungsarbeiten, die sich mit dem Thema Konflikte oder Schulen im Allgemeinen auseinandersetzen, wie z.B. die Arbeiten von Lenger (2008), Beck und Beck (2008), Lojka (2009) und Aschenbrenner (2010), haben den Fokus nicht auf HTL-Lehrer/innen und deren Konfliktfelder im Speziellen gerichtet.

Aus diesem Grund soll in diesem Buch die Situation der HTL-Lehrer/innen näher untersucht werden.

Untersucht wird, welche Situationen die Lehrer/innen selbst als Konflikte erleben. In diesem Buch stehen die Lehrer/innen im Mittelpunkt des Forschungsinteresses. Es geht um die persönliche Wahrnehmung und Sichtweise der Lehrer/innen und darum, was sie selbst als Spannungsfelder erleben. Da in der Recherche des theoretischen Fundaments dieses Themas kaum Material zu den Spannungsfeldern Lehrer/in-Lehrer/in und Lehrer/in-Vorgesetzte gefunden wurde, werden hier in erster Linie die Spannungsfelder der Lehrer/innen in der Beziehung mit ihren Schülern und Schülerinnen und deren Eltern untersucht. Hauptziel dieses Buches ist das Erfahren von Situationen, die als besonders friktionsreich von den HTL-Lehrern und Lehrerinnen genannt werden und wo auch eine Beeinträchtigung im Schulalltag erlebt wird.

Aus dem bisher Gesagten ergibt sich folgende Forschungsfrage: Welche Konfliktfelder beeinträchtigen HTL-Lehrer/innen im Schulalltag?

Auch die Frage nach weiteren Kompetenzen, die für einen angenehmeren und erfolgreicheren Umgang mit diesen Konfliktfeldern notwendig wären, ist hier von Interesse und wird entsprechend hinterfragt.

Daraus ergibt sich folgender Aufbau dieses Buches:

Der zweite Teil dieses Buches, der Theorieteil, enthält Begriffserklärungen, stehen die Aufgabenschwerpunkte einer Schule, die Charakteristika einer HTL und die Aufgaben und Kompetenzen von Lehrer/innen. Daraus werden dann die Spannungsfelder abgeleitet, denen Lehrer/innen ausgesetzt sind.

Im dritten Teil sind die forschungsleitenden Unterfragestellungen, aus der Theorie abgeleitet, angeführt. Der vierte Teil enthält eine Beschreibung der angewandten Methoden und der Vorgangsweise, gefolgt von der Auswertung und Interpretation der Ergebnisse.

2. Theoretischer Teil

2.1. Begriffserklärungen

Einige für dieses Buch wichtige Begriffe, die im deutschen Sprachgebrauch oft mehrdeutig verwendet werden, sollen hier klar abgegrenzt definiert werden.

Belastung und Beanspruchung

In diesem Buch wird Belastung als eine von außen auf den Lehrer einwirkende Anforderung verstanden und Beanspruchung als Auswirkung dieser Belastung. (vgl. van Dick, S.23)

Beziehung

Miller definiert Beziehung als einen aktiven, bewussten und freiwilligen Vorgang zwischen zwei oder mehreren Personen, der sich gegenseitig beeinflusst. (vgl. Miller, S.44f)

Institution

Als Institution wird hier eine gesellschaftliche Einrichtung verstanden, die helfen soll, grundlegende Probleme einer Gesellschaft im Rahmen kulturell gültiger Werte, Normen und Regeln zu lösen. (vgl. Sandfuchs, S. 13)

Kommunikation

„Unter Kommunikation wird der zeichenhafte Austausch zwischen mindestens zwei Individuen (face-to-face-Kommunikation) mit dem Ziel der Verständigung oder gegenseitigen Beeinflussung verstanden, wobei dieser auch durch unterschiedliche Medien eingesetzt werden (mediale Kommunikation) kann, und damit der Kommunikationsprozess zeitlich versetzt (asynchron) und mit unterschiedlicher Intensität der Beteiligung (asymmetrisch) verlaufen kann. […] In diesem Sinne ist die Kommunikation stets mit Interaktion, also konkretem Handeln, verbunden und nur als solche zu verstehen" (Koch, S. 185).

Konflikt

Der hier verwendete Konfliktbegriff umfasst den innerpsychischen Bereich (Konflikte, die man selbst mit sich austrägt) und den sozialen Bereich (Konflikte von Personen mit- und untereinander). Betrachtet man die Konfliktfähigkeit eines Menschen, so wird man feststellen, dass beide Bereiche eng zusammen gehören. (vgl. Selter / Wilczek, S. 10)

Norm

Normen sind Handlungsregulative, also Regeln zur Verwirklichung von Werten und stellen im moralischen Sinn Aufforderungen dar, an die sich das sittliche Handeln von Einzelnen und Gruppen orientiert. (vgl. Hamann, S. 12)

Schulklasse

Die Schulklasse kann als Institution verstanden werden und stellt nur eine formale Gruppe, eine Organisation mit vorgegebenen Zellen und Strukturen oder einen Zweckverband, in den willkürlich und zufällig Kinder eines bestimmten Altersjahrganges zusammengefasst werden, dar. Diese füllt sich allerdings sehr schnell mit nicht vorgegebenen sozialen Beziehungen auf. (vgl. Jahnke, S. 132f)

Sozialer Konflikt

„Ein sozialer Konflikt ist eine Spannungssituation, in der zwei oder mehrere Parteien, die voneinander abhängig sind, mit Nachdruck versuchen, scheinbar oder tatsächlich unvereinbare Handlungspläne zu verwirklichen und sich dabei ihrer Gegnerschaft bewusst sind." (Kurtz zit. n. Selter / Wilczek, S. 10)

Stress

Als Stress können belastende Umgebungsfaktoren, Zeitdruck, eine Vielzahl an anfallenden Erledigungen oder auch körperliche Reaktionen und Empfindungen bezeichnet werden. (vgl. van Dick, S.27)

Struktur

„Struktur ist die Bezeichnung für ein Gefüge, das aus Einzelheiten oder Teilen besteht, die miteinander verknüpft sind und in wechselseitiger Abhängigkeit voneinander stehen, sodaß sie ein Ganzes bilden." (Heller/Nickel/Neubauer 1976, S. 113 zit. n. Lojka, S. 8)

2.2. *Aufgabenschwerpunkte einer Schule*

Hier wird der gesetzliche Bildungs- und Erziehungsauftrag österreichischer Schulen, seitens der Gesetzgebung, untersucht.

2.2.1. Bildung

Im pädagogischen Lexikon für Schule und Studium (Gymnich, S. 31) findet sich folgende Definition:

> Bildung ist eine „allgemeine Bezeichnung sowohl für den Vorgang als auch für das Ergebnis einer Formung des Menschen, die durch die Auseinandersetzung mit der Welt und den Gehalten der Kultur vor sich geht. Die Grenzen zum Begriff ‚Erziehung' sind fließend. Hier wird Bildung als individueller und zugleich auf die Gesellschaft bezogener Lern- und Entwicklungsprozess verstanden, der sowohl den Anspruch auf Selbstbestimmung, auf Sinnfindung für das eigene Leben und die Anerkennung dieses Anspruchs für andere Menschen als auch die Mitverantwortung für die Gestaltung der zwischenmenschlichen Beziehungen und der ökonomischen, ökologischen, gesellschaftlichen, politischen und kulturellen Verhältnisse umfasst."

Spezifischer wird Bildung im Wörterbuch der Pädagogik (Hehlmann, S. 58) gefasst, wo es heißt: „Der heutige Begriff Bildung umfasst: den Entfaltungsvorgang eines Menschen im Medium der geistigen Welt; den Grad der inneren Geprägtheit, Durchformtheit und Verarbeitung der Bildungsgüter; das Bewirken dieser Entfaltung durch Erziehung und Unterricht (‚Bildungswesen')."

Aus beiden Definitionen wird klar, dass es im Bildungssystem Unterricht und Erziehung braucht.

2.2.2. Erziehung

Ein Blick in das Lexikon für Schule und Studium (Gymnich, S. 42) zeigt folgende Definition:

> Unter Erziehung versteht man die Entwicklung der intellektuellen und geistigen Anlagen, die in einer Person vorgegeben sind und die durch planmäßige Anleitung, Übung und Unterricht ausgebildet werden. Im engeren Sinn versteht man unter Erziehung das Handeln älterer Personen an jüngeren Menschen im Rahmen bestimmter Erziehungsziele. Im weiteren Sinn meint Erziehung jedes soziale Handeln, durch das Menschen versuchen, psychische Dispositionen anderer Menschen positiv zu beeinflussen und dauerhaft zu stabilisieren bzw. zu verbessern und die Entstehung von Dispositionen, die als schlecht bewertet werden, zu verhüten.

Gymnich beschreibt Erziehung als Mittel zum Zweck und schließt sich damit auch der Meinung von Brezinka (S.18) an, für den durch Erziehung die Absicht verfolgt wird, „das Gefüge der psychischen Dispositionen anderer Menschen in irgendeiner Hinsicht dauerhaft zu verbessern [...] oder die Entstehung von Dispositionen, die als schlecht bewertet werden, zu verhüten."

2.2.3. Gesetzlicher Bildungs- und Erziehungsauftrag

Folgt man dem Gesetzgeber, so äußert sich dieser im Schulorganisationsgesetz (SchOG) in Bezug auf den Bildungs- und Erziehungsauftrag folgendermaßen:

> §2 Die österreichische Schule hat die Aufgabe, an der Entwicklung der Anlagen der Jugend nach sittlichen, religiösen und sozialen Werten sowie nach den Werten des Wahren, Guten und Schönen durch einen ihrer Entwicklungsstufe und ihrem Bildungsweg entsprechenden Unterricht mitzuwirken. Sie hat die Jugend mit dem für das Leben und den zukünftigen Beruf erforderlichen Wissen und Können auszustatten und zum selbsttätigen Bildungserwerb zu erziehen. Die jungen

> Menschen sollen zu gesunden, arbeitstüchtigen, pflichttreuen und verantwortungsbewussten Gliedern der Gesellschaft und Bürgern der demokratischen und bundesstaatlichen Republik Österreich herangebildet werden.

Die Schule hat per Gesetz einen Bildungs- und Erziehungsauftrag. Sowohl Bildung als auch Erziehung beschreiben Vorgänge, die den ganzen Menschen betreffen. Sie überschneiden einander, wobei Bildung eher kognitives Wissen und erzieherische Prozesse vereint und Erziehung eher die Handlungen meint, die zu Reife, Mündigkeit und einer positiven Haltung zu Werten und dem Funktionieren in der Gesellschaft führen. (vgl. Lenger, S.41)

„Die Sozialisation der Kinder und Jugendlichen nach dem Senioritätsprinzip nimmt ab, sie erfolgt vermehrt in der Gruppe der Gleichaltrigen, die Erfahrungsraum und Orientierung bietet. Eine Herausforderung für die Gesellschaft ist der Umgang mit gewaltbereiten und gewalttätigen Jugendlichen. Die Schule hat sich als Antwort auf die Veränderungen in Familie und Gesellschaft gewandelt, wie auch die Ansprüche an diese Institution. So werden Aufgaben, die traditionellerweise von der Familie übernommen wurden, an die Schule delegiert." (Lenger, S.24f)

Parallel zu den Veränderungen in Familie und Gesellschaft hat sich das Leben in der Schule stark gewandelt. Kinder und Jugendliche verbringen mehr Tages- und Lebenszeit in der Schule als noch vor 50 Jahren. Dadurch gewinnt die Schule als Lebensraum sehr an Bedeutung. Was ihre Aufgabe als Wertevermittlerin und Erzieherin betrifft, hat sie an Bedeutung verloren. Die Autorität eines Lehrers / einer Lehrerin gründet sich auf andere Faktoren als noch vor einem halben Jahrhundert. Das Kind kommt aus der Familie mit weniger Vorwissen über Benehmen und Disziplin in die Bildungsinstitution und erwartet ein Eingehen auf seine individuellen Bedürfnisse. (vgl. Lenger, S. 21). Dieser Umstand stellt möglicherweise einen der problematischsten Punkte für Lehrer/innen dar, weil sie die dafür notwendigen Kompetenzen und die dafür nötige Zeit nicht zur Verfügung haben. Hier wäre es auch notwendig individuell auf einzelne Schüler/innen einzugehen.

Die Jugendlichen zeigen uns verschiedene ungelöste Themen an, etwa den Umgang mit Gewalt, mit Demokratie, mit Zukunftsproblemen. „Daraus erwachsen neue pädagogische Verantwortlichkeiten, denen sich die Schule nicht entziehen darf, will sie ihrem Auftrag gerecht werden: vielfältige Orientierungen zu bieten, Kompetenzen aufzubauen und ihre Schüler zu einer sinnerfüllten Lebensführung zu qualifizieren", meint der Pädagoge und Psychologe Bruno Hamann. (S. 9)

Eine der Aufgaben der Schule ist es „Sozialisanden auf gesellschaftliche Verhaltensanforderungen durch Vermittlung definierter kultureller Inhalte" vorzubereiten. Maßgeblich in der Schule daran beteiligt sind: „jene, die lernen und jene, die lehren; jene, die sozialisiert werden und jene, die sozialisieren" – rollenhaft konkretisiert als Schüler/innen und Lehrer/innen. (vgl. Henecka, S. 97). Die Schule ist für Kinder und Jugendliche mittlerweile nicht nur ein Ort des Lernens, sondern auch ein Ort der Begegnung geworden. Wenn Schülerinnen und Schüler angeben, gern zur Schule zu gehen, beziehen sie sich auch auf die Möglichkeit, Gleichaltrigen zu begegnen und Geborgenheit in der Gruppe zu finden. (vgl. Lenger, S. 22)

2.3. Berufsbildende höhere Schule

Bildung hat in unserem Gesellschaftssystem einen großen Stellenwert. Höhere Bildungsabschlüsse dienen neben der Vermittlung beruflicher Qualifikationen auch als Hinweis auf Lernfähigkeit, Leistungsfähigkeit und Anpassungsbereitschaft. Ein stark ausdifferenziertes Bildungssystem dient als wichtigstes Instrument sozialer Platzierung. Bildungsabschlüsse spielen am heutigen Arbeitsmarkt eine große Rolle. (vgl. Kytir/Münz, S. 34)

Charakteristika der berufsbildenden höheren Schulen

Im österreichischen Berufsbildungssystem sind zahlreiche Schulen im Bereich der beruflichen Erstausbildung zu finden. Darunter sind Schulen der Lehrlingsausbildung sowie berufsbildende mittlere und höhere Schulen zu verstehen. „Im Schnitt sind rund 80 % der Jugendlichen der zehnten Schulstufe in einem beruflichen Bildungsgang. Davon absolvieren etwa [...] 27 % eine berufsbildende höhere Schule" (Tritscher-

Archan/Mayr, S. 13). Die berufsbildenden mittleren und höheren Schulen – kurz BMHS – gehören im österreichischen Schulsystem der Sekundarstufe II an. „Das Bundesministerium für Unterricht, Kunst und Kultur (BMUKK) fungiert als oberste Aufsichtsbehörde aller BMHS und ist u. a. für die Ausarbeitung der Schulgesetze verantwortlich. Für die Vollziehung sind auf regionaler Ebene die Landesschulräte zuständig" (Tritscher-Archan/Mayr, S. 5).

Die Höhere Technische Lehranstalt (HTL), Höhere Technische Bundeslehranstalt (HTBLA) und Höhere Technische Bundeslehr- und Versuchsanstalt (HTBLuVA) in Österreich sind berufsbildende höhere Schulen (BHS), mit Schwerpunkt auf technischen Fächern. In diesem Buch wird, weil die Unterscheidung dieser drei technisch-orientierten BHS keine Relevanz in dieser Untersuchung hat, allgemein der Begriff HTL verwendet.

Aufbau, Aufgaben und Arten der berufsbildenden höheren Schulen sind im Schulorganisationsgesetz (SchOG) geregelt. Die folgenden Gesetzesauszüge geben Auskunft zu diesen drei Punkten:

Aufbau der berufsbildenden höheren Schulen

§ 66 (1): „Die berufsbildenden höheren Schulen schließen an die 8. Schulstufe an und umfassen fünf Schulstufen (9. bis 13. Schulstufe)" (Jonak, S. 264). Am Ende der letzten Schulstufe schließen die berufsbildenden höheren Schulen mit einer schriftlichen und mündlichen Reifeprüfung ab.

Aufgaben der berufsbildenden höheren Schulen

§ 63: „Die berufsbildenden höheren Schulen haben die Aufgabe, den Schülern eine höhere allgemeine und fachliche Bildung zu vermitteln, die sie zur Ausübung eines gehobenen Berufes auf technischem, gewerblichem, kunstgewerblichem, kaufmännischem oder hauswirtschaftlichem und sonstigem wirtschaftlichen Gebiet befähigt und sie zugleich zur Universitätsreife zu führen" (Doralt, S. 432). Durch die aufgelisteten Gebiete entstehen unterschiedliche Schultypen.

Arten der berufsbildenden höheren Schulen

§ 67:   Berufsbildende höhere Schulen sind: Höhere technische und gewerbliche (einschließlich kunstgewerblicher) Lehranstalten, Handelsakademien, Höhere Lehranstalten für wirtschaftliche Berufe und Sonderformen der genannten Arten (vgl. Doralt, S. 432)

Der heutige Arbeitsmarkt ist von einer hohen Zukunftsunsicherheit bestimmt. Die Entscheidung für Berufsausbildungen wird meist von deren Zukunftsaussichten bestimmt, Doppelausbildungen werden häufiger. (vgl. Kytir/Münz, S. 106)

Mit dem erfolgreichen Besuch einer HTL hat man außer einer Allgemeinbildung auch noch eine Berufsausbildung in der Hand und erhält nach einer fachspezifischen dreijährigen Praxis den Titel „Ingenieur" verliehen. Diese Standesbezeichnung ist im deutschsprachigen Raum einzigartig. Früher gab es sie noch in der Schweiz, die aber mittlerweile die Ingenieursausbildung von den HTLs auf Fachhochschulen mit dem Abschluss zum Dipl.-Ing. (FH) umgestellt haben.

Im Schulorganisationsgesetz § 70 (1) ist geregelt, dass der Unterricht in den Klassen der berufsbildenden höheren Schulen durch Fachlehrer zu erteilen ist (vgl. Doralt, S. 433). Die pädagogische Ausbildung dieser Fachlehrer erfolgt seit 1. Oktober 2007 an Bologna-konformen Pädagogischen Hochschulen, „damit wird die europäische und internationale Vergleichbarkeit in der Ausbildung der Lehrerinnen und Lehrer erreicht" (Schmied, S. 3).

In der HTL gibt es zwei verschiedene Kategorien von Lehrern und Lehrerinnen. Es gibt die allgemein bildenden Lehrer/innen, die allgemein bildende Gegenstände, wie z.B. Deutsch, Englisch, Geografie, Geschichte oder Mathematik unterrichten. Diese haben eine Lehramtsausbildung an einer Universität. Die zweite Gruppe stellt die Techniker/innen dar. Der Techniker / die Technikerin hat eine verspätete Lehrer/innen-Ausbildung. Im fachtheoretischen Bereich, wie z.B. in Elektrotechnik oder Elektronik, erfolgt dies begleitend mit der Berufstätigkeit in der HTL an der pädagogischen Hochschule. Es handelt sich hier um die Absolvierung von 12 ECTS Punkten, die länderweise unterschiedlich gehandhabt werden. In NÖ sind dreimal 5 Tage

Anwesenheit an der Hochschule, gepaart mit Hausaufgaben und Literaturstudium im Bereich Psychologie, Soziologie und Pädagogik, in einem Zeitrahmen von rund 1,5 Jahren, zu absolvieren. Dieses Schema gilt für die Universitätsabsolventen und Absolventinnen. Wer im fachpraktischen Bereich, wie z.B. Labor oder Werkstatt, unterrichtet, muss ein Jahr pausieren und karenzieren und für dieses Ausbildungsjahr an die pädagogische Hochschule gehen.

2.4.   Aufgaben und Kompetenzen von Lehrer/innen
Gesetzlicher Bildungs- und Erziehungsauftrag

Im Folgenden wird der gesetzliche Bildungs- und Erziehungsauftrag im Hinblick auf die Aufgaben von Lehrerinnen und Lehrern untersucht.

Diese Aufgaben finden sich im Schulunterrichtsgesetz (SchUG) wieder:

> §17 Der Lehrer hat in eigenständiger und verantwortlicher Unterrichts- und Erziehungsarbeit die Aufgabe der österreichischen Schule (§2 des Schulorganisationsgesetzes) zu erfüllen. In diesem Sinne und entsprechend dem Lehrplan der betreffenden Schulart hat er unter der Berücksichtigung der Entwicklung der Schüler und der äußeren Gegebenheiten den Lehrstoff des Unterrichtsgegenstandes dem Stand der Wissenschaft entsprechend zu vermitteln, eine gemeinsame Bildungswirkung aller Unterrichtsgegenstände anzustreben, den Unterricht anschaulich und gegenwartsbezogen zu gestalten, die Schüler zur Selbsttätigkeit und zur Mitarbeit in der Gemeinschaft anzuleiten, jeden Schüler nach Möglichkeit zu den seinen Anlagen entsprechenden besten Leistungen zu führen, durch geeignete Methoden und durch zweckmäßigen Einsatz von Unterrichtsmitteln den Ertrag des Unterrichts als Grundlage weiterer Bildung zu sichern und durch entsprechende Übungen zu festigen.

Dieser Paragraf zählt zahlreiche Aufgaben eines Lehrers / einer Lehrerin auf. Hier wird ersichtlich, dass die Lehrer/innen auf die Entwicklung der Schüler/innen Rücksicht nehmen und diese auch soweit motivieren müssen, dass eine individuelle Entwicklung und eine selbsttätige Mitarbeit stattfinden kann. Gleichzeitig bleibt dem Pädagogen / der Pädagogin viel Raum, die Schüler / innen „eigenständig" und „unter

Berücksichtigung der Entwicklung der Schüler" mit konkreten Inhalten zu füllen. Auch der 9. Abschnitt des SchUG bezieht sich wie der §17 auf den §2 des SchOG, in dem ausdrücklich und ausführlich die Vermittlung von Werten („sittliche, religiöse und soziale Werte" und „Werte des Wahren, Guten und Schönen") verordnet wird. Dieser betrifft die Schulordnung und regelt die Mitwirkung der Schule an der Erziehung.

Aus dem folgenden Abschnitt des Gesetzes geht hervor, dass neben Erziehung durch Unterricht auch der Umgang des Lehrers / der Lehrerin mit den Schülern und Schülerinnen in den Rahmen des gesetzlichen Erziehungsauftrags nach §2 des Schulorganisationsgesetzes fällt. Das schließt das alltägliche Verhalten der Lehrkraft mit ein.

> §47 (1) Im Rahmen der Mitwirkung der Schule an der Erziehung der Schüler (§2 des Schulorganisationsgesetzes) hat der Lehrer in seiner Unterrichts- und Erziehungsarbeit die der Erziehungssituation angemessenen persönlichkeits- und gemeinschaftsbildenden Erziehungsmittel anzuwenden, die insbesondere Anerkennung, Aufforderung oder Zurechtweisung sein können. (…)
>
> §47 (3) „Körperliche Züchtigung, beleidigende Äußerungen und Kollektivstrafen sind verboten.

Eine zentrale Bedeutung kommt den sozialen Interaktionen zwischen Lehrer, Schüler und Schulklasse zu, da in diesem Dreieck die Vermittlungsprozesse zwischen institutionellen Ansprüchen und persönlichen Bedürfnissen erfolgen. (vgl. Petillon, S. 25). „Im Aufgabenbereich des Lehrers liegt unter anderem, die Zielsetzungen der Schule im Umgang mit der Klasse zu verwirklichen. In der Lehrer-Schüler-Interaktion bestimmt im Wesentlichen der Lehrer Inhalt und Form der Interaktion und bezieht sich überwiegend auf die ganze Klasse. Die SchülerInnen hingegen treten öfter mit ausgesuchten MitschülerInnen in Kommunikation, wobei die gesamte Klasse und deren Gruppenmerkmale Einfluss darauf nehmen." (Lojka, S. 7)

All diese Ausführungen sprechen über die Aufgaben der Pädagogen und Pädagoginnen. Diese sind weit reichend und vielschichtig. Die Liste der Ansprüche der Menschen an diese Berufsgruppe ist, wie ausgeführt, dementsprechend lang. Bisher wurde jedoch das Thema der Kompetenzen nicht angesprochen, die ein Lehrer / eine Lehrerin braucht, um den vielfältigen Anforderungen ihres Berufs gerecht zu werden. (vgl. Lenger, S.36). Was der Gesetzgeber nicht regelt, ist die Formulierung und Angabe konkreter Kompetenzen, die eine lehrende Person im österreichischen Schulsystem aufzuweisen hat. Wenn man bedenkt, dass man für eine Lehrberechtigung an einer HTL ein mehrjähriges fachspezifisches Studium und mindestens 4 Jahre Praxis in diesem Fach absolvieren muss, aber kaum Kompetenzen vorgeschrieben oder angeboten werden, die die anderen gesetzlich vorgeschriebenen Aufgaben eines Pädagogen / einer Pädagogin betreffen, dann kann man sich die Frage stellen, wie weit die Lehrenden in der Schule zurechtkommen.

In den Sechzigerjahren des letzten Jahrhunderts begann man mit der Verwissenschaftlichung der Lehrer/innen-Bildung und damit mit einer Ausbildung auf der Grundlage moderner Sozialwissenschaften. Verschiedene Bereiche, wie die Soziologie (Rollenmodell), die Psychologie (Führungsstildiskussion), die Sozialpsychologie (Konfliktmodell), die Psychoanalyse (Kulturkritik) oder die Psychotherapie (Kommunikationsmodell) trugen und tragen dazu bei, pädagogische Fragen und pädagogisches Handeln auf eine breite Basis zu stellen, von der aus intensives und kritisches Beleuchten und Diskutieren möglich sind. (vgl. Lenger, S 20f). Wie die Forschung zeigt, gibt es aus der Schule heraus auch durchaus Lerneffekte, die weder als Ziele formuliert noch beabsichtigt gelehrt und schon gar nicht systematisch überprüft werden. „Als zentrale überfachliche Sozialisationseffekte der Schule gelten bei uns Leistungsbereitschaften, allgemeine Wertorientierungen, kritisches Bewusstsein, das Begabungsselbstbild, das Selbstbewusstsein und die Schulmündigkeit." (Jackson, zit. n. Fend, S. 1) Diese Lerneffekte fallen, da die Grenzen zwischen Bilden und Erziehen fließend sind, teilweise in den Bereich des Erziehens. Grundlage dafür, was an die Kinder herangebracht wird, ist der Lehrplan, der von amtlicher Stelle für jede Schulstufe und Schulart herausgegeben wird und an den sich alle Lehrerinnen und Lehrer zu halten haben.

> Den einen konnten wir den amtlichen Lehrplan nennen. Ihm allein galt in der Vergangenheit das Interesse der Schulpädagogen. Seine goldene Mitte sind die Grundfertigkeiten des Lesens, Schreibens und Rechnens (…) Den zweiten Lehrplan könnte man vielleicht als den nichtamtlichen oder sogar als den heimlichen Lehrplan bezeichnen, da er der Aufmerksamkeit der Schulpädagogen weitgehend entgangen ist.

Dieser heimliche Lehrplan besitzt auch eine goldene Mitte: den Grundkurs in den sozialen Regeln, Regelungen und Routinen. Diesen Grundkurs haben sich Schüler wie Lehrer anzueignen, wenn sie, ohne großen Schaden zu nehmen, ihren Weg durch die Institution, die da Schule heißt, machen wollen. (Jackson, S.21)

Jacksons Ausführungen des amtlichen und nichtamtlichen Lehrplans zeigen die gegensätzlichen Erwartungshaltungen von Lehrer/innen und Schüler/innen. Durch diese bilden sich zwei Bereiche innerhalb der Schulklasse. Auf Grund der Anforderungen an die Schulklasse, der formelle Bereich, der unter Aufsicht des Lehrers / der Lehrerin für die Verwirklichung schulischer Ziele sorgt und der informelle (heimliche) Bereich, der die emotionalen und sozialen Bedürfnisse der Schüler/innen meist ohne Einfluss des Lehrers betrifft. (vgl. Petillon., S. 7)

Krappmann beschreibt die Widersprüchlichkeit im pädagogischen Auftrag des Lehrers / der Lehrerin in folgender Hinsicht: einerseits sollen Lehrer/innen die Schüler/innen zu gegenseitiger Rücksichtnahme anhalten, aber andererseits werden Einzelleistungen verlangt, die das Konkurrenzdenken fördern. (vgl. Krappmann, S. 200). Der Unterrichtsstil eines Lehrers / einer Lehrerin wird dann zum belastenden Faktor, wenn dieser Stil die individuellen Persönlichkeitsmerkmale eines Schülers / einer Schülerin nicht berücksichtigt. Dem einen oder anderen Lehrer ist der Einfluss des gesundheitlichen Aspektes auf den Unterricht bewusst, so wies ein Interviewpartner Aschenbrenners darauf hin: „Wenn ich darauf achte, dass es mir gut geht, wirkt sich das natürlich auf den Unterricht aus." (vgl. Aschenbrenner, S. 67)

Die Lehrkraft sollte aber nicht nur die Gesundheit reflektieren, sondern auch den eigenen Führungsstil analysieren. Bei Lehrkräften, welche einen autoritären Führungsstil ausüben, sind bei ihren Schülern „Verhaltensschwierigkeiten besonders häufig aufzufinden" (Leitner et al., S. 27). In sozialen Gebilden wird eine Macht- und Entscheidungsstruktur deutlich, die zeigt, dass manche Individuen die Möglichkeit haben, andere Personen dazu zu bewegen, nach (vorgegebenen) Wünschen und Vorstellungen zu handeln. Ein solches Führungsverhalten entsteht zum einen seitens der Lehrer/innen, die eine Verwirklichung der schulischen Ziele anstreben und zum anderen auch in Schüler/innen-Beziehungen. Einflussreiche Schüler/innen sind meist Personen, die die Normen der Gruppe am besten erfüllen. (vgl. Lojka, S. 8). Bei Schenk-Danziger wird die Beziehung zum Lehrer / zur Lehrerin hervorgehoben. Absolute Gerechtigkeit wird seitens der Schüler/innen verlangt. Lehrer/innen, die in ihrem Führungsstil die verlangten Werte der Schüler/innen nicht verwirklichen, haben meist mit großem Widerstand zu rechnen. (vgl. Schenk-Danzinger, S. 197). „Jeder kennt die Lehrer, die überstreng sind, weil sie irgendetwas kompensieren müssen." Diese Interviewpartnerin Aschenbrenners berichtete, dass sie Weiterbildungen wie Kommunikation, Konfliktmanagement und Mediation besucht hat, nachdem sie das Gefühl hatte, „dass es nicht mehr reicht alleine Lehrer zu sein, sondern [...] man braucht andere Mittel und Wege zu den Schülern vorzudringen." (vgl. Aschenbrenner, S. 67)

Die Lehrer/innen-Fort- und –Weiterbildung zählt zum lebenslangen Lernen, denn lebenslanges Lernen ist „die einzige Ressource, die bei der Bewältigung der alltäglichen Risiken beruflicher Karrieren weiterhelfen [kann]" (Casale et al., S. 21). Obwohl es verständlich ist, dass die Lehrer/innen-Fort- und –Weiterbildung ein Gebot sein muss, weist Universitätsprofessor Radtke darauf hin, dass das Bewusstsein der Notwendigkeit des lebenslangen Lernens für die Lehrerfortbildung fehlt (vgl. Radtke, S. 235). Casale et al schreiben hier von „alltäglichen Risiken", die bewältigt werden müssen. Im Schulalltag könnten diese Risiken darin bestehen, dass die Lehrkräfte bei der Interaktion mit ihren Schüler/innen, den Kollegen und Kolleginnen und anderen Schulvertretern, sowie den Schüler-Eltern in Situationen geraten, die für die Lehrer/innen unbewältigbar sind. Dies kann aus Kompetenz- und/oder Zeitmangel entstehen. Interessant wäre hier zu erfahren, ob und was die Lehrer/innen an ungelösten, daraus entstandenen, Problemen mit sich schleppen und wie sie sich derer entledigen.

Pfitzner schreibt, dass es hilfreich und unterstützend für Lehrerinnen und Lehrer sei, Informationen auszutauschen, über Schülerinnen und Schüler zu sprechen oder einander in beruflichen Herausforderungen zuzuhören und zu motivieren. Mehr noch, dies sollte, so Pfitzner, „selbstverständlicher Bestandteil professioneller Lehrertätigkeit sein". (Pfitzner, S. 391). Supervision, Intervision und Coaching fördern kooperative Begleitung und intensiven Austausch. Institutionalisierte Beratungskultur für Lehrkräfte innerhalb des Schulsystems gibt es nicht. Oben genannte Möglichkeiten sind freiwillig und häufig von Eigeninitiative getragen. (vgl. Lenger, S. 60)

Die empirische Lehrerforschung kann keine Aussagen über die Entwicklung von Lehrer/innen-Arbeit machen, weil die Studien dazu fehlen. Wenn in der Schule etwas verändert wird, ist dies eine Anpassungsreaktion auf gesellschaftliche Veränderungen. Aktive Gestaltungsmöglichkeiten für persönliches oder soziales Wachstum anzustreben, liegt nicht in der Natur dieser Entwicklung. Veränderte Familien- und Gesellschaftsstrukturen münden so nicht automatisch in Veränderungen in der Pädagogik. (vgl. Lenger, S. 28)

2.5. Konfliktfelder im Spannungsfeld Schule

2.5.1. Allgemein

Differenzen und soziale Konflikte in der Schule

Man unterscheidet zwischen sozialen Konflikten und bloßen Differenzen. „Allen sozialen Konflikten liegen immer Differenzen zugrunde – aber nicht alle Differenzen sind schon Konflikte." (Glasl zit. n. Smoliner, S. 1). Differenzen zu haben, ist laut Smoliner (S. 1) die natürlichste Sache der Welt. Wir nehmen die meisten (oder sogar alle) Dinge unterschiedlich wahr. Unsere Begriffe, Vorstellungen und Gedanken sind voneinander verschieden. Unser Wollen geht in verschiedene Richtungen. Auch in der Schule sind die Ziele und Interessen der Beteiligten häufig sehr unterschiedlich. Zwischen Lehrer/innen und Schülern / Schülerinnen, deren Familien, aber auch im Umgang mit der Schulleitung, der Schulbehörde sowie unter den Lehrern und Lehrerinnen selbst besteht ein reichhaltiges Konfliktpotential: (vgl. Smoliner, S. 1)

Lehrer/innen-Schüler/innen-Konflikte nehmen ihren Ausgangspunkt z.B. in:

- Provokationen
- Regelverletzungen
- Nichteinhalten von Absprachen
- allgemeiner Disziplinlosigkeit
- Angriffen auf den Lehrer / die Lehrerin
- aggressivem Verhalten der Schüler/innen untereinander.

Lehrer-Eltern-Konflikte nehmen ihren Ausgangspunkt z.B. in:

- Notengebung
- Hausaufgaben
- Lehrinhalten
- erzieherischen Maßnahmen des Lehrers / der Lehrerin
- der politischen Einstellung des Lehrers / der Lehrerin.

Lehrer/in-Schulleitungs-Konflikte nehmen ihren Ausgangspunkt z.B. in:

- Verwendung von Schulbüchern
- Stundenplangestaltung .
- Vertretungs- und Aufsichtspflicht
- Verteilung des Budgets.

Lehrer/in-Schulbehörden-Konflikte nehmen ihren Ausgangspunkt z.B. in:

- schlechten äußeren Bedingungen
- Lehrplänen
- Verordnungen
- kleinlichen Kontrollen der Schulbehörden.

Ursachen von Konflikten

Die Ursachen zwischenmenschlicher Konflikte in Institutionen, wie einer Schule, liegen nach Mullins (vgl. S. 31f) in:

- unterschiedlichen Wahrnehmungen
  Abhängig von der individuellen Vorgeschichte, eigenen Erfahrungen und Charakter kann eine Situation unterschiedlich wahrgenommen und bewertet werden.
- einschränkenden Ressourcen
  Wenn zur Erreichung von Zielen, Ressourcen anderer Individuen notwendig sind, kann die Einschränkung dieser Ressourcen zu Konflikten führen.

- Konflikte durch Rollen
  Die Ausübung verschiedener Rollen eines Individuums kann mit Rollen anderer in Konflikt geraten, wenn z.B. ein Lehrer / eine Lehrerin die Arbeit eines anderen beurteilt.
- sich unfair behandelt fühlen
  Eine unfair wahrgenommene Behandlung, sei es z.b. wegen dem Geschlecht, der Religion, der Abstammung oder dem Aussehen kann zu Konflikten führen. Wobei hier wichtig zum Anmerken ist, dass Fairness und Gleichbehandlung nicht identisch sind, da ein körperlich behinderter Mensch situationsabhängig anders zu behandeln ist als ein körperlich gesunder Mensch, aber gleich fair.
- Territoriumsverletzungen
  Wahrgenommene Grenzübertretungen des eigenen Territoriums, z.B. das Eindringen in den persönlichen Bereich, wie zu dichtes Herankommen an die eigene Person, wird als Territoriumsverletzung empfunden und macht das Auftreten eines Konflikts wahrscheinlich.
- Umweltveränderungen
  Umweltveränderungen führen zu Veränderungen in der Institution, welche zu Stress und Unsicherheit und in Folge zu Konflikten innerhalb dieser Institution führen können.

2.5.2. Spannungsfeld Lehrer/innen - Schüler/innen

„Der österreichische Schüler verbringt pro Jahr durchschnittlich sogar mehr als tausend Stunden in der Schule, seine Erfahrungen in dieser sozialen Institution summieren sich also bereits nach Absolvierung der Schulpflicht aus Erlebnissen und Situationen von mehr als 15.000 Stunden." (Oswald, S. 7). Lojka kommt in ihrer wissenschaftlichen Arbeit zur Erkenntnis, dass die Institution Schule eine sehr große Bedeutung für die Sozialisierung der Schüler/innen hat. (vgl. Lojka S.3). Aus dieser Erkenntnis heraus kann es interessant sein herauszufinden, wie weit sich die Pädagogen und Pädagoginnen in ihrer Funktion als Lehrkraft zurechtfinden und ihren Schützlingen ein Sozialisierungspartner sind. Um in auftretenden Spannungsfeldern entsprechend agieren zu können, individuell auf ihre Schüler/innen einzugehen und ihnen einen angemessenen Sozialisierungspartner für die Weiterentwicklung bieten zu können, bedarf es reichlich Erfahrung und Wissen aus Fachbereichen der Pädagogik, Psychologie und Soziologie. In rund 15.000 Unterrichtsstunden kommen Schüler/innen und ihre Lehrer/innen oft zusammen und leben damit einen nicht unbeachtlichen Teil ihres Lebens gemeinsam in der Institution Schule.

Die Berufszufriedenheit von Lehrerinnen und Lehrern sowie das schulische Engagement der Schülerinnen und Schüler stehen in direktem Zusammenhang zur Qualität der Kommunikationsbeziehung. (vgl. Schweer, S.7). Die Schule kann nicht nur als Bildungsinstitution gesehen werden, sondern auch als Ort sozialer Erfahrungen. Die Prozesse von Beziehungen und Auseinandersetzungen zwischen Schülern und Schülerinnen entziehen sich weitgehend der Kontrolle durch Erwachsene (Eltern und Lehrer/innen). (vgl. Krappmann/Oswald, S. 209). Wie weit sich die Interaktionen zwischen Schüler/innen der Kontrolle der Lehrer/innen entziehen, oder besser gesagt, wie weit die Pädagogen und Pädagoginnen Einfluss darauf haben, kommt in dieser Untersuchung nicht heraus. Ein Stellenwert, der für die Arbeit der Lehrer/innen wichtig sein kann, da dies Einfluss auf die Sozialisierung der Schüler//innen hat.

Heute werden weniger Kinder geboren, ihre Bedeutung für die Eltern hat sich geändert. Sie haben in unserer Kulturlandschaft keine ökonomische Funktion mehr, indem sie Arbeiten verrichten müssten oder die Eltern im Alter versorgen. Ihr psychologischer Nutzen ist jedoch sehr hoch und damit das Ausmaß gegenseitiger emotionaler Abhängigkeiten. An Stelle klarer Autoritätsverhältnisse zwischen den Generationen tritt ein partnerschaftlicherer und argumentativerer Umgang miteinander, die Eltern unterstützen die Freiheit und Selbstständigkeit der Kinder. Werte wie Bescheidenheit und Hilfsbereitschaft treten in den Hintergrund. Diese Entwicklung korrespondiert mit dem erhöhten Ausmaß von Konflikten und Auseinandersetzungen, in denen Kinder, besonders in der Zeit der Pubertät, der Dramatik ihrer Befindlichkeiten viel eher Luft machen als früher. (vgl. Lenger, S. 14). Wenn der Einfluss der Erwachsenen auf das Konfliktleben der Schüler/innen, auf Grund der fehlenden Kontrollmöglichkeit, gering ist und diese Kinder ihre Befindlichkeiten in der Pubertät mehr nach außen tragen und damit das Ausmaß an Konfliktpotential steigern, kann es zu unbewältigbaren und unzumutbaren Situationen kommen für die erziehenden, sozialisierenden und lehrenden

Lehrer/innen. Situationen, denen sie sich aber, um den Lehrauftrag zu erfüllen, stellen müssen. Die Situation des „unvollständigen Elternhauses" (Brockmeyer, S. 99), familiäre Probleme, anstehende Scheidungen und die Veränderungen, die das Erwachsenwerden mit sich bringt, sind Faktoren, die Kinder sehr belasten können. Eltern zeigen sich in Konfliktsituationen zunehmend konfliktscheu und kapitulieren in Erziehungsfragen. Viele Kinder leiden unter Anregungs- und Kontaktarmut in ihrem häuslichen Umfeld. (vgl. Brockmeyer, S. 99) . Interessant wäre zu erfahren, wie weit die Kinder versuchen, die aus dem Elternhaus unbefriedigten Anregungs- und Kontaktwünsche, sich in der Schule zu erfüllen. Lehrer/innen, welche ja auch für einen Teil der Erziehung zuständig sind, übernehmen hier die Rolle der Eltern, die klassischerweise im Elternhaus erfüllt werden sollte. Sind die Pädagogen und Pädagoginnen dieser Rolle gewachsen und können sie die Bedürfnisse der Kinder erfüllen? Wie geht es den Lehrkräften damit, die vielleicht eigene Kinder haben und die selbst einmal Kind waren und damit die Rolle der Kinder möglicherweise gut kennen?

Die Selbstorganisation von Schülern und Schülerinnen stellt einen wichtigen Anhaltspunkt für Beziehungen in der Schulklasse dar. Gleichzeitig nimmt die Lehrkraft eine wichtige Einflussgröße in diesem Zusammenhang ein. „Zentrale Bedeutung kommt", so Petillon, „den sozialen Interaktionen zwischen Lehrer/in, Einzelschüler/in und Schulklasse zu. In diesem Dreieck erfolgen die Vermittlungsprozesse zwischen institutionellen Ansprüchen und personalen Bedürfnissen." (Petillon, S. 25)

„Ist von pädagogischen Problematiken die Rede, sind das Probleme, die die Kindererziehung erschweren. In diesem Fall werden unter dem Begriff pädagogische Probleme Verhaltens- und Lernschwierigkeiten verstanden, welche im Laufe der Zeit durch die Veränderung des Verhaltens der Schüler auftreten und die Lehrer müssen auf diese Schwierigkeiten reagieren." (Aschenbrenner, S. 67). Aschenbrenner weist darauf hin, dass Lehrer/innen auf Verhaltensänderungen der Schüler/innen reagieren müssen. Die Frage ist nur, wie sie in einer Klasse mit rund 30 verhaltensändernden pubertierenden Kindern, feststellen, welches Kind jetzt Hilfe benötigt und wie diese Unterstützung angebracht wäre. Dies festzustellen bedarf einer guten Schulung seitens der Lehrkraft und genügend Zeit, damit der Unterricht deswegen nicht zu kurz kommt.

Es gilt ja den amtlichen Lehrplan einzuhalten und den nicht-amtlichen zu berücksichtigen.

Leitner et al. fassen mit dem Begriff Verhaltens- und Lernschwierigkeiten „alle Verhaltensauffälligkeiten, Lern- und Verhaltensstörungen, abweichende Verhaltensweisen, Lernbehinderungen, Lernhemmungen und Schulschwächen" (Leitner et al., S. 16f) zusammen. Die Autoren registrieren endogene[1] und exogene[2] Ursachen, welche Verhaltens- und Lernschwierigkeiten hervorrufen können. Unter dem Begriff exogene Ursachen werden die Familie, der Erziehungsstil, die sozioökonomischen Verhältnisse, die Schulsituation, der Zeitgeist und die Gesellschaftsstruktur zusammengezogen. (vgl. ebd., 22ff). Die Familie legt einen gravierenden Grundstein für das Verhalten eines Kindes. „Die Familie als zentraler Bereich kindlicher Lebenswelt ist störanfällig geworden" (ebd., S. 22). „Durch den Erziehungsstil der Eltern, der von Untersteuerung bis Überbehütung eingestuft werden kann, können sich die aufgebauten Spannungen in Trotz, Abwehr, Überforderung, Unsicherheit, Zweifel an den eigenen Fähigkeiten, Resignation und zwiespältiges Persönlichkeitsbild äußern." (Aschenbrenner, S. 67). „In der Schule können die Klassenschülerzahl, der Leistungsdruck, der Unterrichtsstil und das Lehrerverhalten exogene Ursachen für Schwierigkeiten darstellen. Hohe Schülerzahlen lassen dem Lehrer wenig Spielraum auf den einzelnen Schüler einzugehen, so fallen Verhaltensprobleme und psychische Nöte weniger auf oder werden erst (zu) spät wahrgenommen." (ebd., S. 67). Einer geringeren Klassengröße stimmen die von Aschenbrenner interviewten Lehrer (Aschenbrenner, S13, S14, S19, S21) zu: „Die Schüleranzahl in der Klasse wirkt sich ganz maßgeblich aus, weil es ganz einfach ein ganz anderes arbeiten ist, je nachdem wie viele Schüler ich habe."

Im praktischen Schulleben erweist es sich als besonders schwierig, so Brockmeyer, dass viele Schülerinnen und Schüler so problembelastet sind, dass sie Lernangebote nicht mehr auf direktem Weg wahrnehmen können. Lehrerinnen und Lehrer müssen zur Kenntnis nehmen, dass sie sich auf individuelle Schwierigkeiten der Kinder einlassen

---

[1] „Mit «endogen» werden Ursachen bezeichnet, die primär in der Person des Menschen selbst liegen" (Leitner et al., S. 18).
[2] „Mit exogen werden diejenigen Faktoren bezeichnet, die von der Außenwelt (vorwiegend mitmenschlicher Umwelt) her auf das Kind einwirken" (Leitner et al., S. 22).

müssten, bevor schulisches Lernen stattfinden kann. Dafür fühlen sie sich unzureichend ausgebildet und sehen sich, auch durch die äußeren Rahmenbedingungen, gezwungen wegzusehen. Die Größe der Lerngruppen wächst an, der Druck, möglichst viele Lerninhalte durchzubringen, ebenfalls. Der Frontalunterricht als die effizienteste Unterrichtsform gewinnt, entgegen allen Reformüberzeugungen, an Boden. Was die Grundvoraussetzungen für die Lernmöglichkeiten ebenfalls schmälert, ist ein eingeschränkter Wortschatz und, als Folge dessen, eine Reduzierung der sprachlichen Anwendungskompetenz. Die Schüler/innen haben ein ambivalentes Verhältnis zur eigenen Leistung, einerseits ist die Selbstdarstellung durch Leistung in unserer Leistungsgesellschaft internalisiert, anderseits befindet sich diese Haltung im Widerstreit mit ebenfalls verbreiteten hedonistischen Tendenzen. Schülerinnen und Schüler verhalten sich Lehrkräften gegenüber durchaus selbstbewusst, allerdings weicht in Konfliktsituationen offener Widerspruch vermehrt einer Haltung der Gleichgültigkeit pädagogischem Bemühen gegenüber. Die Ansichten der Eltern und somit auch der Kinder über Hygiene, Respekt vor dem Eigentum, Sitte, Moral und Verantwortungsbewusstsein bewegen sich in einem sehr weiten Spektrum. Daraus folgt die Notwendigkeit, viele Verhaltensweisen durch Einverständnis auszuhandeln. (vgl. Lenger, S. 21f)

2.5.3. Spannungsfeld Lehrer/innen - Eltern

In diesem Bereich werden der Lehrkraft vom Gesetzgeber explizit beratende Aufgaben zugewiesen (SchUG):

> § 62 (1) Lehrer und Erziehungsberechtigte haben eine möglichst enge Zusammenarbeit in allen Fragen der Erziehung und des Unterrichts zu pflegen. Zu diesem Zweck sind Einzelabsprachen (§ 19 Abs.1) und gemeinsame Beratungen zwischen Lehrern und Erziehungsberechtigten über Fragen der Erziehung, den Leistungsstand, den geeignetsten Bildungsweg (§ 3 Abs.1 des Schulorganisationsgesetzes), die Schulgesundheitspflege und den gemeinsamen Unterricht von Kindern ohne und mit sonderpädagogischem Förderbedarf durchzuführen. (2) Gemeinsame

Beratungen zwischen Lehrern und Erziehungsberechtigten können im Rahmen von Klassenelternberatungen erfolgen.

Ein breites Aufgabengebiet sind Gespräche mit Eltern, in denen negative Entwicklungen des Kindes zur Sprache kommen. Diese Beratungssituationen unterteilen sich in zwei Bereiche:

Lernprobleme

Auf diesem Gebiet besteht meist ein eindeutiges Kompetenzgefälle in fachlichen Fragen. Ziel von Beratungen ist es, gemeinsame Maßnahmen und Pläne zur Förderung zu entwerfen, festzulegen, wer für welche Maßnahme zuständig ist, mögliche Überlegungen für die nähere Zukunft anzustellen und eventuelle Veränderungen der Schullaufbahn ins Auge zu fassen und anzubahnen. (vgl. Lenger, S. 58)

Verhaltensprobleme

In diesem Bereich ist es wichtig, klare Zuständigkeiten und Grenzen zu formulieren. Die Schule ist keine Reparaturwerkstatt für ungelöste häusliche und familiäre Probleme, die Eltern erwarten häufig, dass ihre Probleme mit dem Kind in der Schule gelöst werden. Dies führt zu hohen gegenseitigen Erwartungen, die meist nicht erfüllt werden, und im Zuge dessen zu unausgesprochenen Gefühlsladungen. Im Umgang mit verhaltensschwierigen Kindern muss das Maß an Unterstützung im Einzelfall abgeklärt werden, was auch heißen kann, dass es Grenzen für individuelle pädagogische Arbeit gibt. Die Zuziehung neutraler dritter Personen (Beratungslehrkräfte, Schulpsychologen und Schulpsychologinnen, Psychagogen und Psychagoginnen, außerschulische Stellen) kann entlasten, neue Gesichtspunkte eröffnen und so den Beratungsprozess voranbringen. (vgl. ebd., S. 59). Ziel von Beratungen mit Verhaltensschwierigkeiten ist es, gemeinsam Maßnahmen zu formulieren und ihre Umsetzung zu planen, Zuständigkeiten abzuklären, zusätzliche unterstützende Möglichkeiten ins Auge zu fassen und über außerschulische Hilfe zu informieren. Es ist zu bedenken, dass es in Lehrer/innen-Eltern-Gesprächen nur bedingt Freiwilligkeit gibt, was den Grundvoraussetzungen für beratende Tätigkeit widerspricht. Außerdem befindet sich die Lehrkraft auf Grund ihrer Verpflichtung, die Leistungen des Kindes zu beurteilen, den Eltern gegenüber in einer Machtposition. Weder Eltern noch Lehrkräfte können autonom bezüglich ihrer Vorschläge und Entscheidungen verfahren, beide sind Systemzwängen der Schule ausgesetzt. (vgl. ebd.)

Kommunikationsprobleme zwischen Lehrern und Eltern

Sacher (vgl. S. 84f) schreibt, dass, für eine gelungene Beziehung zwischen Eltern und Lehrern und Lehrerinnen, es wichtig ist, eine Kommunikation frei von Ängsten auf Augenhöhe zu führen. Möglichkeiten sieht er in informellen Kontakten und Begegnungen außerhalb der Schule, wie z.b. bei privaten Elternstammtischen oder dergleichen. Während der offiziellen Kontakte, wie z.B. in Sprechstunden, hätten Lehrer/innen die Möglichkeit den Eltern zu zeigen, dass sie sie als gleichwertige Partner anerkennen, ihnen wertschätzend Informationen über schulische Leistungen des Kindes geben und Rückmeldungen betreffend des Kindes einzuholen.

Diese an sich sehr gute Idee, lässt sich nur umsetzen, wenn der Lebensbereich der Eltern und der Lehrer/innen in derselben Umgebung stattfindet. Die Anzahl an HTLs in Österreich ist relativ gering, daher der Einzugsbereich einer HTL wesentlich größer als beispielsweise der einer Volksschule, so dass nur ein entsprechend kleiner Teil der Eltern der Schüler/innen die Chance hat, auf die entsprechenden Lehrer/innen ihrer Kinder außerhalb der formellen Kontaktmöglichkeiten zu stoßen.

Informationsdefizite, z.B. bei der Leistungsbewertung ihrer eigenen Kinder seitens der Lehrkräfte, machen es Eltern schwer, Vertrauen und Achtung Lehrern und Lehrerinnen gegenüber aufzubringen (vgl. Beck, S.12). Was noch dazu kommt ist, laut Schullerus, die Tatsache, dass die Eltern heute mehr in schulische Angelegenheiten eingebunden sind als noch vor zehn Jahren, die Lehrer/innen in dieser Zeit Autorität eingebüßt haben und die Eltern wachsenden Einfluss auf die Notengebung haben. (S. 1). Dies scheint nur auf den ersten Blick ein Widerspruch zu sein. Beck und Beck meinen, dass der Einblick in die Leistungsbewertung, also nach welchem System und mit welcher Logik bewertet wird, den Eltern nicht gegeben ist. Schullerus allerdings sieht den Einfluss der Eltern auf die Lehrer/innen, was die Benotung, also das Endresultat der gesamten Leistungsbewertung betrifft, wachsen. Wenn dem so ist, müssten die Pädagogen und Pädagoginnen ihr Bewertungsschema nachträglich an die veränderte Note anpassen, um die Note mit ihrem Bewertungsschema erklären zu können.

Sacher (vgl. S. 85) meint, dass es sehr stark davon abhängt, wie gut Lehrer/innen in konstruktiver Gesprächsführung und empathischem Zuhören sind, ob eine Kommunikation mit Eltern nachhaltig nutzbar ist. Natürlich ist es auch vom besprochenen Thema abhängig, hier wäre es sinnvoll das „Kerngeschäft" anzusprechen, wie z.B. Leistung, Aufgaben, disziplinäre Probleme und andere schulalltägliche Dinge. Was hier angesprochen wird, ist wieder der Punkt des zu wenig Kommunizierens. Hier könnte eine verpflichtende regelmäßige Kommunikations- und Informationseinheit zwischen Lehrer/innen und Eltern in der Schule oder an einem anderen Ort, Informationsvermittlung über neue Medien, wie Schulwebsite, E-Mail und Ähnliches, dazu führen, dass sich diese Parteien einander nähern, Vertrauen aufbauen und den Anderen verstehen lernen. Die Rolle der Elternbeiräte und Klassenelternsprecher stellt nach Sacher (vgl. S. 85) durchaus ein Problem für die Eltern-Lehrer/innen-Kommunikation dar, weil diese gerne viele Aufgaben alleine übernehmen. Aus diesem Grund halten die Elternbeiräte und Klassenelternsprecher engeren Kontakt zu den Lehrer/innen und auch zur Schulleitung und zu wenig Kontakt zu den anderen Eltern. Da die anderen Eltern kaum um Unterstützung gebeten, oder in irgendeiner anderen Form eingebunden werden, vermittelt das den Eltern den Eindruck, ohne Mandat unterwegs zu sein und dass ihre Mitarbeit nicht gefragt sei.

Beck und Beck (vgl. S. 15ff) bringen Problemlösungsansätze zur Beziehungsverbesserung von Lehrern / Lehrerinnen und Eltern. Eine Möglichkeit stellt die Vereinbarungskultur nach Krumm, eine weitere Möglichkeit stellen Entwicklungs- und Beratungsgespräche nach Lutz und Blossing dar. Krumm (vgl. S. 1ff) schreibt, dass immer wieder über Gewalt in der Schule und die defizitäre Erziehung geklagt wird. Für die Erziehung hauptverantwortlich seien Eltern und Lehrer/innen. Daraus folgert er, dass das Elternhaus und die Schule besser kooperieren müssen, um gemeinsam in die gleiche Richtung ziehen zu können. Es wird oft über Elternarbeit in der Schule diskutiert, aber kaum über Lehrer/innenmitarbeit bei Erziehungs- und Lernproblemen in der Familie. Guter Unterricht und erfolgreiche Erziehung erfordern eine kooperative Partnerschaft, die zum Austragen von Konflikten und Aushandeln von Gemeinsamkeiten geeignet ist. Eine Schulsteuerung von außen, über die Gesetzgebung, gelingt nicht befriedigend, an dessen Stelle könnte eine Vereinbarung oder ein Vertrag kommen. Das heißt, weg von der bisherigen Anordnungskultur, hin zur

Vereinbarungskultur, damit mehr Möglichkeit zur Mitbestimmung aller Schulangehörigen besteht. Es zeigte sich beim Vergleich dieser beiden Kulturformen (vgl. S. 10), dass sich Schulprobleme erfolgreicher lösen und Lösungen friedlicher erreichen lassen, bei Anwendung der Vereinbarungskultur. Der wesentliche Punkt hier ist, laut Krumm, dass eine signifikante Verbesserung in der Schule in erster Linie durch das erreichbar ist, was von allen wirklich gewollt wird und die Tatsache der Mitbestimmung nicht so große Auswirkungen hat. Deswegen sollten die Vereinbarungen sorgfältig gemeinsam entwickelt und freiwillig durchgeführt werden, am besten mit einem Vertrag (vgl. ebd. S. 15). Wenn dies gelingt, sind Vertrauen, Wertschätzung und Anerkennung an der Tagesordnung. Leider gibt es bis heute noch keine breit angelegte diesbezügliche Untersuchung in Österreich oder auch in anderen Ländern. Erste sehr positive Beurteilungen aus Schulen unterstreichen bereits den positiven Effekt dieser Vereinbarungskultur (vgl. ebd. S. 11).

> „Gute Verträge und gute Vertragserfüllung führen zur Beziehungsverbesserung, strafendes Erziehungsverhalten zum Austausch von ‚Feindseligkeiten', und damit zu Aggression, Angst, Verweigerung, Flucht. Wenn Eltern mit in die Verträge einbezogen werden (Home Based Reinforcement, HBR), dann gelingt Unterricht noch besser. Eltern unterstützen durch eine vertraglich ausgehandelte Anerkennungskultur gegenüber den Kindern, die Schule.
>
> Diese Partnerschaft bedeutet auch, dass Lehrer Eltern unterstützen. Ihnen, zum Beispiel zeigen, wie Kinder besser lernen können oder sie anleiten, Probleme zu lösen. Die Pisa-Studie zeigt, „dass die Lernbedingungen im Elternhaus den Schulerfolg von Kindern im Guten, wie im Schlechten stärker bestimmen, als Lernbedingungen in der Schule" (Krumm, S. 11).

In einer Erziehungspartnerschaft, in der gegenseitige Unterstützung von Eltern und Lehrer/innen erfolgreich gelebt wird, kann das Projekt Schule besser gelingen, folgert Krumm (vgl. ebd. S. 21). Lutz stellt fest, dass Eltern-Lehrer/innen-Gespräche meist nach bestimmtem Muster ablaufen, in denen Ratschläge und Bewertungen von Lehrer/innen an die Schüler/inneneltern gegeben werde (vgl. S. 21). Diese Gespräche haben einen problembezogenen Anlass und erst bei Eskalation würden Beratungslehrer/innen oder andere Ansprechpartner/innen eingeschaltet werden. Wenn das Thema auf Lern- und Leistungsschwierigkeiten zu sprechen kommt, würden Eltern enttäuscht und verärgert reagieren, weil sie sich dafür verantwortlich gemacht fühlen. Deswegen ist es nicht verwunderlich, wenn derartige Gespräche mit negativen Emotionen enden. Lutz meint, dass Entwicklungsgespräche, in denen die Entwicklung und die Lernprozesse des Kindes reflektiert werden und mit den Eltern konkrete Handlungsschritte zur gezielten Förderung entwickelt werden, nachhaltig gewinnbringend sein können (vgl. S. 3). In den praktischen Erfahrungen schwedischer Schulen, zeigte sich – so Blossing -, dass auf Beurteilungen verzichtet werden sollte, Schüler/innen und Eltern eine aktive Rolle im Gespräch wahrnehmen müssen und die Lehrkräfte, in dieser recht komplexen Situation, über beträchtliche Gesprächskompetenz verfügen sollten. Dann haben diese Gespräche unterstützende und entwicklungsfördernde Funktion. Die aktive Rolle der Schüler/innen und Eltern muss dabei von allen Teilen gewollt und akzeptiert werden (S. 37).

Eikenbusch meint, dass die Schule schon allein aus strukturellen Gründen heraus konfliktbeladen ist und auf Grund der stillen Partnerschaft zwischen Eltern und Lehrer/innen, Konflikte unterschwellig sind und nicht offen ausgetragen werden (vgl. S. 6f). „Beide spiegeln sich ein Wunschbild vor – sie wissen darum und durchblicken das" (ebd. S. 8). Die bildungsinteressierten Eltern wissen, wie Schule funktioniert und können somit ihren Kindern gezielt helfen. Davon profitieren beide Seiten und die Lehrer/innen müssten dabei kaum noch Konflikte austragen. Aber mittlerweile zerbrechen, laut Eikenbusch, diese stillen Partnerschaften, weil die Eltern in die Rolle des Kunden schlüpfen und das bestmögliche Angebot für ihre Kinder erstehen möchten. Kooperative Elternarbeit ist angesagt zur Unterstützung der neuen Unterrichtsformen und zentrale Klassenarbeiten geben den Eltern mehr Einblick in den Unterricht. Durch die Unterrichts- und Schulentwicklung wachsen die Ansprüche der Eltern (vgl. S. 8). Sollte der stille Vertrag, das stille Einverständnis aufgebrochen werden, so müsste an ihrer Stelle eine aktivere Elternarbeit treten, Konflikte offen ausgetragen werden und ein Desillusionierungseffekt bei den Eltern und auch bei den Lehrern und Lehrerinnen zur Kenntnis genommen werden. Trotz dieser auftretenden Desillusionierung gibt es keine brauchbare Alternative zur gemeinsamen Lösungssuche und einer gewinnbringenden Kooperation (vgl. S. 9f).

3. Forschungsleitende Unterfragestellungen

Ausgehend von der Forschungsfrage „Welche Konfliktfelder beeinträchtigen HTL-Lehrer/innen im Schulalltag?" und den Ausführungen im Theorieteil, ergeben sich folgende forschungsleitende Unterfragestellungen:

Beeinträchtigt das Spannungsfeld Lehrer/in – Schüler/in HTL-Lehrer/innen im Schulalltag? (vgl. Kapitel 2.5.2)

Beeinträchtigt das Spannungsfeld Lehrer/in – Elternteil der Schüler/innen HTL-Lehrer/innen im Schulalltag? (vgl. Kapitel 2.5.3)

Gibt es noch andere Konflikt- oder Spannungsfelder die die Arbeit beeinträchtigen?

Welche Konflikte im System Schule werden als besonders unangenehm erlebt?

Welche sonstigen Situationen in diesem System sind besonders schwer zu bewältigen?

4. Empirische Untersuchung

4.1. Methoden

4.1.1. Beschreibung der Methoden

Qualitatives Interview

Ein Interview ist „eine planmäßige und zweckbestimmte sprachliche Interaktion zwischen zwei Personen, die in der Regel von Angesicht zu Angesicht stattfindet und vom Interviewer eingeleitet und auf bestimmte relevante Inhalte gelenkt [wird]" (Wittkowski, S. 26). Das Ziel ist, „vom Interviewpartner durch gezielte Fragen oder Bemerkungen verbale Informationen objektiver und/oder subjektiver Art zu gewinnen" (ebd., S. 26).

Die qualitative Forschung wird in den USA seit den 70er Jahren und in Deutschland seit den 80er Jahren praktiziert. Im Buch von Bortz und Döring werden die qualitativen Methoden von Autoren wie Berg, Spöhring, Flick et al., Denzin und Lincoln angegeben. Eine qualitative Arbeitsweise, die bei allen erwähnten Autoren vorkommt, ist das qualitative Interview (vgl. Bortz/Döring, S. 306). Bei dem qualitativen Interview werden unterschiedliche Befragungsformen charakterisiert, wie das offene oder das geschlossene Interview und das unstrukturierte oder das strukturierte Interview (vgl. Mayring, S. 66).

Narratives Interview

Eine der offenen und unstrukturierten qualitativen Interviewarten stellt das narrative Interview dar, das besonders häufig bei lebensgeschichtlich bezogenen Fragestellungen eingesetzt wird. Das Grundelement des narrativen Interviews ist die, von den Befragten frei entwickelte, durch eine Eingangsfrage – die erzählgenerierende Frage – angeregte Stegreiferzählung (vgl. Socher, S. 46).

Die einzelnen Phasen des narrativen Interviews werden von Fischer-Rosenthal und Rosenthal (vgl. Fischer-Rosenthal, S. 414ff) folgendermaßen charakterisiert:

- 1. Phase: die Erzählaufforderung, die so formuliert sein soll, dass die Gesprächspartner/innen unterstützt werden Erinnerungen zu mobilisieren und frei zu erzählen;
- 2. Phase: die autonom gestaltete Haupterzählung – hier werden aufkommende Fragen seitens des Interviewers notiert;
- 3. Phase: erzählgenerierende Nachfragen anhand der, während der Haupterzählung, notierten Fragen und externes Nachfragen – hier werden auch die Fragen gestellt, die für den Interviewer und diese Untersuchung interessant und noch offen sind;
- 4. Phase: Interviewabschluss und Bilanzierungsteil: Anregung zur Äußerung von Interpretationen, Verallgemeinerungen und Bewertungen.

Für die folgende empirische Untersuchung wird das offene teilstrukturierte qualitative Interview gewählt. Bei dem offenen Interview kann der Befragte frei antworten, ohne Vorgabe von vorgefertigten Antworten. Das teilstrukturierte Interview, das auch teilstandardisiertes Interview (vgl. Hopf, S. 177) genannt werden kann, hat keinen starren Fragekatalog, sondern bedient sich, wie auch in dieser Untersuchung, eines Interviewleitfadens, der sich aus den Unterfragestellungen ergibt. Der Leitfaden dient zur thematischen Orientierung und soll den Befragten zur freien Erzählung anregen (vgl. Mayring 2002, S. 67).

Die offene teilstandardisierte Befragung ist unter dem Begriff problemzentriertes Interview zusammengefasst (vgl. Hopf, S. 177). Bei dieser Variante der Befragung hat der Interviewer „die Problemstellung [...] bereits vorher analysiert" (Mayring 2002, S. 67) und im Leitfaden in einer logischen Fragereihenfolge zusammengefasst. Für Mayring ist des Weiteren wichtig, dass eine Vertrauenssituation entsteht und der Befragte das Gefühl hat, ernst genommen zu werden (vgl. ebd., S.67). „Der Interviewer hat in einem qualitativen Interview nicht die Rolle des distanzierten ‚Befragers', sondern eher die eines engagierten, wohlwollenden und emotional beteiligten Gesprächspartners, der flexibel auf den ‚Befragten' eingeht und dabei seine eigenen Reaktionen genau reflektiert" (Bortz/Döring, S. 308).

Der Interviewer ist laut Bortz und Döring ein Erhebungsinstrument, welches bei dem qualitativen Interview bereits während des Gespräches das Gesagte im Kopf analysieren muss, um spontan Anschlussfragen formulieren zu können (vgl. ebd., S. 307f)

Transkription und Archivierung des Interviewmaterials

Die Tonaufnahmen, welche bei den Interviews aufgezeichnet werden, werden anschließend verschriftet, um „eine rasche, mühelose und fehlerfreie Auswertung der Interviews" (Wittkowski, S. 40) zu schaffen. Bei diesem Vorgang spricht man von transkribieren. Der Transkriptionsvorgang nimmt sehr viel Zeit in Anspruch. Sowohl der gesprochene Text als auch nonverbale Äußerungen, wie zum Beispiel Mimik, Gestik und Lachen können transkribiert werden, wenn es von Interesse und für die Untersuchung förderlich ist (vgl. Bortz/Döring, S. 312).

Bei der Transkription werden die Richtlinien der Textgestaltung von Boehm et al., welche bei Bortz und Döring beschrieben sind, angewendet:

- ca. 50 Zeichen pro Zeile
- einfacher Zeilenabstand
- bei einem Sprecherwechsel wird ein Absatzabstand eingefügt
- die Sprecher erhalten einen Großbuchstaben mit Doppelpunkt im Anschluss und
- der Text wird zeilenweise nummeriert. (vgl. ebd.)

Der Interviewer wird hier mit I: gekennzeichnet und die Gesprächspartner erhalten als Kennzeichen den Großbuchstaben S. Nachstehend nach dem S wird eine laufende Nummerierung durchgeführt, welche die Anonymität des Gesprächspartners gewährleistet.

Die Tonaufnahmen werden zu Beginn wortwörtlich transkribiert. Der Dialekt wird „mit unserem gebräuchlichen Alphabet" (Mayring 2002, S. 89) wiedergegeben. Im zweiten Schritt werden Füllwörter und Wortwiederholungen entfernt und unvollständige Sätze werden gestrichen, wenn diese nicht relevant für die Thematik sind. Dies geschieht in Anlehnung an Mayring: „Der Dialekt wird bereinigt, Satzbaufehler werden behoben, der Stil wird geglättet" (ebd., S. 91). Füllwörter wie zum Bespiel äääh, mmmh und aaah, welche den Gesprächsverlauf begleiten können, werden nicht notiert, „wenn sie für die inhaltsanalytische Auswertung keine Bedeutung haben" (Wittkowski, S. 41). Auch Lange rät dazu „die Reliabilität durch wiederholtes Kontrollhören" (Lange, S. 49) deutlich zu steigern, „indem z. B. Wortkorrekturen, Nachtragen von Wörtern oder Zeichen, Änderungen von Satz- und Sonderzeichen, Ändern von Sprecherwechseln usw. erfolgen" (ebd., S. 49).

Während der Auswertung muss das Material sorgfältig nach Personen nummeriert und archiviert werden und zwar so, dass dritte Personen nicht unbefugt auf die Daten zugreifen können. Der Interviewer hat die Interviewdaten nicht nur sicher aufzubewahren, sondern auch Stillschweigen darüber zu bewahren (vgl. Bortz/Döring, S. 313). „Üblicherweise wird das individuelle Rohmaterial (Audio- und Videoaufzeichnungen einzelner Probanden, Transkripte etc.) nach Abschluß der Auswertungen vernichtet oder den Befragungspersonen zurückgegeben" (ebd., S. 313). Das hier anfallende Rohmaterial wird allerdings aufbewahrt, um auch zu einem späteren Zeitpunkt alle Aktionen nachvollziehen zu können.

Die Handzettel mit den demografischen Daten werden nach der Digitalisierung (Eintragung in die Tabelle im Auswertungsteil dieses Buches) vernichtet. Die Tabelle, die Audioaufzeichnungen, sowie die Transkriptionen werden auf eine CD gebrannt, welche sorgfältig aufbewahrt wird, so dass keine dritte Person einen unbefugten Zugang zu den Daten hat.

Qualitative Inhaltsanalyse

Interpretation und Deutungen sind in unserem Alltag notwendig, um Handlungen und Äußerungen unserer Mitmenschen richtig darzustellen. Diese Deutungen sind uns durch Vorerfahrungen, die wir gemacht haben, möglich (vgl. Bortz/Döring, S. 329) und meist von allen eines Kulturkreises nachvollziehbar. Diese Nachvollziehbarkeit strebt auch die qualitative Inhaltsanalyse, welche nach der Transkription stattfindet, an. Das primäre Ziel der Inhaltsanalyse ist „die systematische Bearbeitung von Material aus Kommunikationen" (Mayring 1991, S. 209). Die Kommunikation erfolgt in dieser Untersuchung in Form von Interviews mit Lehrern und Lehrerinnen aus berufsbildenden höheren Schulen (HTLs) aus Wien und Niederösterreich. Mayring weist darauf hin, dass „das Kommunikationsmaterial in irgendeiner Form festgehalten, protokolliert sein" (ebd., S.209) muss, bevor das Material ausgewertet werden kann. Dieser Anhaltspunkt wird umgesetzt, indem die Interviews durch die Transkription schriftlich festgehalten werden.

Mayring, der Gründer der qualitativen Inhaltsanalyse, unterscheidet bei der Auswertung des Transkriptionsmaterials drei Unterformen (vgl. Mayring 1991, S. 211ff) „mit den Zielen der Zusammenfassung, Explikation (enge und weite Kontextanalyse) sowie Strukturierung" (Groeben/Rustemeyer, S. 243).

- Bei dem zusammenfassenden Schritt wird der Ausgangstext in eine „überschaubare Kurzversion reduziert" (Bortz/Döring, S. 332), so „daß die wesentlichen Inhalte erhalten bleiben" (Mayring 1991, S. 211).
- Gibt es unklare Textbestandteile, kommt die explizierende Inhaltsanalyse zum Einsatz, welche durch Heranziehen von zusätzlichem Material wie z. B. persönliche Informationen zum Befragten, vervollständigt werden (vgl. Bortz/Döring, S. 332 oder vgl. Mayring 1991, S. 212).
- Die Strukturierung ist die klassische Inhaltsanalyse von Mayring (vgl. Groeben/Rustemeyer, S. 243) um „unter vorher festgelegten Ordnungskriterien einen Querschnitt durch das Material zu legen oder das Material unter bestimmten Kriterien einzuschätzen" (Mayring 1991, S. 213). „Dazu wird ein Kategorienschema erstellt und nach einem Probedurchlauf verfeinert, bevor die Endauswertung erfolgt." (Bortz/Döring, S. 332)

In dieser Untersuchung wird die Zusammenfassungstechnik verwendet. Die Technik „hat zum Ziel, eine bestimmte Struktur aus dem Material herauszufiltern." (Mayring 2000, S. 82) Dazu muss ein Kategorienschema gebildet werden, um die Textteile der Transkription zuordnen zu können. Kategorien sind laut Reinhoffer „deskriptive Analyseraster" (Reinhoffer, S. 125). Die Kategorien können zwei unterschiedliche Zugänge haben, Bortz und Döring unterscheiden zwischen dem induktiven Kategoriensystem, welches aus dem Textmaterial selbst gewonnen wird und dem deduktiven (= theoriegeleiteten) Kategoriensystem, das aus der Theorie heraus an das Material herangetragen wird (vgl. Bortz/Döring, S. 330). Mit der Theorie, die an das

Material herangetragen wird, sind zum Beispiel Fragen eines Interviewleitfadens gemeint, sie können „als Ausgangspunkt für Kategorien dienen." (Reinhoffer, S. 125)

Bei dieser Untersuchung gibt es einen Interviewer und einen Hauptkodierer in ein und derselben Person, welche alleine für die Erstellung der Auswertungskategorien verantwortlich ist. „Der Hauptkodierer ist in der Regel viel vertrauter mit dem Material; er hat meist das Material selbst erhoben, z.B. die Interviews selbst durchgeführt, und so einen tieferen Einblick in die Materie" (Mayring 2005, S. 13).

4.1.2. Begründung der Methodenwahl

Für obige Fragestellung stellt die qualitative Analyse in Form von narrativ geführten Interviews eine sehr gute Möglichkeit dar, weil laut Schütze (vgl. Schütze, S. 10) Erzählungen stärker an konkreten Handlungsabfolgen und weniger an den Ideologien und Rationalisierungen der Befragten orientiert sind. Befragte, die frei erzählen, geben hierbei gegebenenfalls auch Gedanken und Erinnerungen preis, die sie auf direkte Fragen nicht äußern können oder wollen.

In dieser Untersuchung sollen die forschungsleitenden Unterfragestellungen einen sanften Leitfaden darstellen, der in der dritten Phase des narrativ geführten Interviews letztendlich zur Beantwortung dieser externen Fragestellungen führen soll. Auch soll dieser Umstand, ob die Fragen selbsttätig vom Interviewten - in der ersten Interviewphase - beantwortet worden sind oder nicht, auswertend in die Analyse einfließen.

Die gesammelten Interviews werden mit Hilfe des Zeilenformates transkribiert und durch die Methode der Standardorthografie mit einfacher Schreibweise ohne Einrückung analysiert. Die anschließende Zusammenfassungstechnik mit induktiver Kategorienbildung, bietet hier die am wenigsten durch Theorien vorbelastete Möglichkeit der Textreduktion, da die Kategorienbildung aus dem Transkriptionsmaterial heraus gebildet wird.

4.2. *Vorgangsweise*

Bortz und Döring definieren sieben typische Arbeitsschritte, welche bei einem qualitativen Interview abzuarbeiten sind. Diese sieben Schritte werden in diesem Abschnitt beschrieben.

Inhaltliche Vorbereitung

Der Interviewer legt im Vorfeld die Befragungsthemen fest, wählt die Befragungspersonen und die -techniken aus (vgl. Bortz/Döring, S. 310). Es werden sechs Lehrer/innen, Frauen und Männer, ausgewählt, welche technisch/naturwissenschaftliche Fächer in einer HTL in Wien oder Niederösterreich unterrichten und unterschiedliche Unterrichtserfahrung aufweisen können. Auch wird darauf geachtet, dass die Interviewten unterschiedlich viele Unterrichtseinheiten in der Schule unterrichten, um festzustellen, ob es hier relevante Unterscheidungen in der Wahrnehmung von Konfliktfeldern gibt.

Organisatorische Vorbereitung

Der Interviewer nimmt zu seinen ausgewählten Befragungspersonen persönlich Kontakt auf, um die Terminvereinbarung zu besprechen. Zu einer Hauptaufgabe der organisatorischen Vorbereitung „gehört das sorgfältige Zusammenstellen des Interview-Materials" (ebd., S. 310). Im Anschluss wird per Mail oder telefonisch der Kontakt zu den Gesprächspartnern und Gesprächspartnerinnen hergestellt und ein Interviewtermin vereinbart.

Bortz und Döring empfehlen für die sozialstatistischen Daten einen Fragebogen, welcher von dem Gesprächspartner / der Gesprächspartnerin nach dem Interview ausgefüllt wird (vgl. ebd., S. 311 ff). Für die demografischen Daten wurde ein Handzettel erstellt. Im Vorfeld werden die bereits bekannten Daten des Lehrers / der Lehrerin vom Interviewer erfasst und die fehlenden Daten am Beginn des Interviews nach Rückfrage selbst ergänzt. Die Befragungen werden mit einem mobilen Field-Recorder von Tascam, mit eingebauten Stereomikrofonen, aufgezeichnet, aus diesem Grund ist die Mitnahme von Ersatzbatterien und einem Ersatzspeicherchip notwendig.

Gesprächsbeginn

Der Interviewer stellt durch anfänglichen Small-Talk und einer Vorstellungsrunde mit dem Gesprächspartner / der Gesprächspartnerin eine entspannte Atmosphäre her. Bei dem qualitativen Interview kann „eigentlich nie auf eine Tonaufzeichnung verzichtet werden" (ebd., S. 310). Die Aufzeichnung bietet die „Verfügbarkeit und Wiederholbarkeit von Gesprächssequenz(en)" (Lange, S. 48). Psychologische Barrieren bezüglich des Sprechens vor einem Mikrophon oder Bedenken gegenüber dem Datenschutz werden im Vorfeld, per E-Mail, telefonisch oder direkt vor dem Interview, vom Interviewer bereinigt (vgl. Bortz/Döring, S. 310).

Der Interviewer stellt einen Raum zur Verfügung (eigener Praxisraum), in dem der Interviewer und der / die Befragte ungestört sprechen können. Wenn der / die Interviewte es wünscht, findet das Interview auch an einem anderen Ort statt. Alle Befragten kennen den Interviewer persönlich und es wird lediglich das Einverständnis für die Aufzeichnung eingeholt. Am Handzettel werden die fehlenden Daten ergänzt und eine kurze Testaufnahme erstellt, die dem / der Interviewten vorgespielt wird.

Durchführung und Aufzeichnung des Interviews

„Die Hauptaufgabe des Interviewers ist die Überwachung und Steuerung des Gesprächsablaufs" sowie „während des Gesprächs weiterführende Fragen zu finden oder dafür zu sorgen, daß der Interviewte nicht zu weit vom Thema abschweift" (Bortz/Döring, S.310). Der Interviewer muss auch damit rechnen, dass es Gesprächspartner/innen gibt, welche sehr wortkarg und andere, die sehr redselig sind (vgl. ebd., S.310). Der Autor konnte bisher feststellen, dass Lehrer/innen alles andere als wortkarg sind und gerne offen ihre Meinung vertreten. Die Aussage von Attenslander, dass ein hoher „Grad der Gemeinsamkeit der Kommunikation" (Attenslander, S. 143) einen „höheren Grad an Reaktionsspielraum" (ebd., S. 143) zulässt, hat sich bewahrheitet. Dadurch, dass die interviewende Person aus dem Schulbetrieb (Lehrbeauftragter an Pädagogischen Hochschulen) kommt, kann diese auf die Antworten der Interviewpartner/innen vertiefend eingehen und, wenn nötig, gezielt nachfragen.

Wittkowski erachtet das optische Auftreten und die Räumlichkeiten, in denen die Interviews stattfinden, als wichtige Kriterien. Der Autor spricht davon, dass das äußere Erscheinungsbild „keine Rückschlüsse auf weltanschauliche Überzeugungen des Interviewers" (Wittkowski, S. 38) geben darf und die Interviews in „neutral eingerichteten" (ebd., S. 38). Räumen durchgeführt werden sollen. Auch Attenslander belehrt, dass Erscheinung oder Mimik des Interviewers das Verhalten des Interviewten beeinflussen können (vgl. Attenslander, S. 121). Der Interviewer achtete auch darauf, eine neutrale Einstellung zu der Themenstellung zu vermitteln, um nicht bewusst oder unbewusst Antworten zu beeinflussen und zu verzerren. Der Interviewende darf „kein Befremden oder Mißbilligung über irgend etwas zeigen, was der Befragte sagt, und auch nicht enthusiastisch nicken" (ebd., S. 152). Wenn der Fragende auf Antworten mit einem „mmm" antwortete, war dies nicht als Zustimmung zu seiner Meinung gedacht, sondern als Zeichen, dass er die Antwort des Gesprächspartners verstanden und verinnerlicht hatte.

Gesprächsende

Das offizielle Ende des Interviews ist durch das Ausschalten des Aufnahmegerätes gekennzeichnet. Es könnte vorkommen, dass sich der Gesprächspartner / die Gesprächspartnerin danach noch zum Thema äußert, dies sollte vom Interviewer handschriftlich und im Anschluss am Ende der Transkription festgehalten werden. (vgl. Bortz/Döring, S. 310f). Diese manuelle Verschriftlichung fließt in die Interpretation der Auswertung ein.

Am Ende des Interviews bedankt sich der Interviewer nochmals bei dem Gesprächspartner / der Gesprächspartnerin. Dies stellt das offizielle Ende des Gespräches dar.

Verabschiedung

Der Interviewer kann dem Gesprächspartner zum Beispiel eine Visitenkarte überreichen, so dass dieser bei Fragen, die eventuell im Nachhinein auftreten, den Interviewer kontaktieren kann (vgl. Bortz/Döring, S. 311). Da die befragten Lehrer/innen sowohl die E-Mail-Adresse als auch die Telefonnummer des Interviewers haben, steht einer nachträglichen Kontaktaufnahme nichts im Wege. Ein Teil der Befragten bittet darum, nach Beendigung der Untersuchung, ein Exemplar dieses Buches zugesandt zu bekommen.

Gesprächsnotizen

„Es empfiehlt sich, unmittelbar nach dem Interview ergänzende Notizen zur Gesprächssituation zu machen" (ebd., S. 311). Notiert werden Beschreibungen des Interviewpartners, die Räumlichkeiten, die Gesprächsatmosphäre, die Verfassung des Interviewers, aufgetretene Unterbrechungen, Datum und Uhrzeit (vgl. ebd., S. 311).

Die Transkriptionen werden, wenn möglich, unmittelbar nach den Interviews verfasst, somit hat der Interviewer sämtliche Daten noch im Gedächtnis. Das Datum und die Uhrzeit, Dauer und Ort werden vom Interviewer sowohl in seinem Terminkalender vermerkt, als auch auf der **folgenden eigens erstellten Zusammenfassung** erfasst.

Synonym	Datum / Uhrzeit	Dauer	Ort
S1	24.1 / 9:10-9:50	40min	Kaffeehaus
S2	24.1 / 15:10-16:30	80min	eigener Praxisraum
S3	4.2 / 15:15-16:45	90min	Besprechungsraum der Schule
S4	15.2 / 12:30-13:30	60min	Lehrerzimmer der Schule
S5	18.2 / 9:15-10:15	60min	Lehrerzimmer der Schule
S6	18.2 / 16:00-17:20	80min	eigener Praxisraum

Tabelle 1: Zusammenfassung Interviewpartner

4.3. Auswertung

Im folgenden Abschnitt wird die Auswertung der sechs transkribierten Interviews nach dem Verfahren der Qualitativen Inhaltsanalyse nach Mayring dargestellt. Um zu erforschen, wie die Interviewpartner die Spannungsfelder in der Schule wahrnehmen und erfahren, ist jede Aussage, die eine persönliche Ansicht und Reaktion auf das genannte Thema beinhaltet, von Bedeutung. Das heißt dass jede Aussage, Argumentation, Bewertung oder Kommentierung als Auswertungseinheit gilt. Die Einheit im ersten Durchgang ist das Textmaterial des einzelnen Interviews und im zweiten Durchgang das gesamte Textmaterial. Die Kodiereinheit legt die Einheiten fest, die im ersten Durchgang als Paraphrasen der Zusammenfassung zugrunde gelegt werden. Die Kodiereinheit ist jede Aussage eines Lehrers / einer Lehrerin über Spannungsfelder / Konfliktfelder im System Schule. Ordnung und Kategorisierung zusammenhängender Paraphrasen werden in Hauptkategorien und dazugehörigen Punkten (Unterkategorien) dargestellt. Wenn vom transkribierten Text ein Bestandteil ausgewertet wird oder unter eine Kategorie fallen kann, wird dieser Teil als „Kodiereinheit" bezeichnet. (vgl. Mayring 2000, S. 53). Dabei werden alle Aussagen oder Hinweise, die mit dem untersuchtem Thema zusammenhängen, verwendet werden.

Die demografische Datenerfassung der wichtigsten Sozialdaten mittels **Handzettelerhebung** erfolgt **durch den Interviewer**.

Geschlecht: ☐ weiblich ☐ männlich

Alter [Jahre]:

Größe der Schule [Schüler- & Lehreranzahl]:

Unterrichtseinheiten [Schulstunden pro Woche]:

Hauptberuflich als Lehrkraft tätig [ja/nein]:

Unterrichtserfahrung [Jahre]:

Die erfassten Daten sind in der folgenden Tabelle ersichtlich.

Synonym	m/w	Alter	Schulgröße	Einheiten	Haupt	Erfahrung
S1	w	38	150S / 20L	14	ja	6
S2	m	56	150S / 20L	8	nein	30
S3	m	47	1.200S / 180L	23	ja	17
S4	m	61	2.000S / 300L	20	ja	31
S5	m	61	3.600S / 400L	16	ja	20
S6	m	52	3.600S / 400L	20	ja	0,5

Tabelle 2: Daten Interviewpartner

4.3.1. Hauptkategorien und ihre Häufigkeitsverteilungen

Folgende 4 Hauptkategorien ergeben sich aus den Transkriptionen:

1. Kategorie: Spannungsfeld Lehrer/innen - Kollegen

    Hier geht es um Spannungen oder Konflikte zwischen Lehrer/innen und ihren Kollegen und Kolleginnen in der Schule, in der eigenen Abteilung.

2. Kategorie: Spannungsfeld Lehrer/innen – Schüler

    Spannungen oder Konflikte zwischen den Lehrer/innen und ihren Schülern und Schülerinnen. Unterschieden wird hier auch die Rolle des Klassenvorstandes.

3. Kategorie: Spannungsfeld Lehrer/innen - Vorgesetzte

    Spannungen oder Konflikte zwischen den Lehrer/innen und dem direkten Vorgesetzten.

4. Kategorie: Spannungsfeld Schulsystem
Spannungen und Probleme, die sich aus Weisungen des zuständigen Ministeriums, des Landesschulinspektors oder der Landesschulinspektorin ergeben.

Die folgenden Häufigkeitsverteilungen (Anzahl der Nennungen im Interview) konnten ermittelt werden. Die Spalte „Spannungen vorhanden" enthält die Anzahl an Nennungen, dass es Spannungen in diesem Bereich gibt oder gegeben hat. „Keine Aussage" enthält eine „0", wenn auch nach explizitem Nachfragen im Interview keine Aussage zu diesem Thema gekommen ist. Die letzte Spalte zeigt die Anzahl der Nennungen zur Spannungsfreiheit im Umfeld des Interviewten / der Interviewten.

Kategorie 1: Spannungsfeld Lehrer/innen – Kollegen/Kolleginnen

Interviewte Person	Spannungen vorhanden	Keine Aussage	Spannungen nicht vorhanden
S1	14		
S2		0	
S3	11		
S4	3		
S5	2		
S6		0	
Summe	30	0	

Tabelle 3: Häufigkeitsverteilung Kategorie 1

Kategorie 2: Spannungsfeld Lehrer/innen - Schüler

Interviewte Person	Spannungen vorhanden	Keine Aussage	Spannungen nicht vorhanden
S1	3		
S2	3		
S3		0	
S4	7		
S5		0	
S6	8		
Summe	21	0	

Tabelle 4: Häufigkeitsverteilung Kategorie 2

Kategorie 3: Spannungsfeld Lehrer/innen - Vorgesetzte

Interviewte Person	Spannungen vorhanden	Keine Aussage	Spannungen nicht vorhanden
S1			1
S2		0	
S3	1		
S4	2		
S5		0	
S6		0	
Summe	3	0	1

Tabelle 5: Häufigkeitsverteilung Kategorie 3

Kategorie 4: Spannungsfeld Schulsystem

Interviewte Person	Spannungen vorhanden	Keine Aussage	Spannungen nicht vorhanden
S1		0	
S2	9		
S3	1		
S4	10		
S5	4		
S6	2		
Summe	26	0	

Tabelle 6: Häufigkeitsverteilung Kategorie 4

4.3.2. Detailauswertung der Kategorien

In allen Kategorien wird ausgewertet, wie weit die interviewten Lehrer und Lehrerinnen ähnliche Ansichten, Meinungen, Erlebnisse oder Lösungsansätze zu den jeweiligen Themen haben oder ob sie doch sehr unterschiedlich ausfallen. Es wird auch unterschieden, ob über ein Thema von sich aus gesprochen oder vom Interviewer dazu direkt befragt wurde.

Folgende Punkte konnten der Kategorie **Spannungsfeld Lehrer/innen – Kollegen** zugeordnet werden:

1. Unterschiedliche Meinungen in fachlicher und pädagogischer Hinsicht

Lehrerin S1 gab an, dass es immer wieder Spannungen mit Kollegen und Kolleginnen gibt, wenn man unterschiedlicher Meinung ist, vor allem „…wenn du im Team arbeitest, wie manche Dinge zu handhaben sind, […] es gibt halt einige Kollegen, die sind sehr wenig kompromissbereit." (S1, S.1)

Die gleiche Meinung vertritt auch S3 mit am eigenen Leib verspürten Spannungen und Konflikten „…da doch zwischen Technikern im Lehrberuf eine gewisse Konkurrenzsituation besteht, […] liegt es natürlich in der Natur der Sache, dass wenn ich meine Arbeit so erledige, wie ich es für richtig empfinde, dann ein anderer seine Sache aus seiner Sicht erledigt, wie er es für richtig empfindet, aus meiner Sicht aber nicht mehr so richtig sein kann. Und das ist die natürliche Spannung, die es gibt, sodass es immer wieder zu beobachten ist, dass hier versucht wird Einfluss auf den Kollegen zu nehmen, bezüglich der Unterrichtspraxis […] was man durchaus auch als Mobbingform bezeichnen kann." (S3, S.5)

S4 hat Auseinandersetzungen mit Kollegen gehabt, die fachlicher Natur waren „…weil der eine Kollege wahnsinnig viel von den Schülern verlangt und das überhaupt nicht einsieht." (S4, S.2)

S5 sieht die Situation zwischen Technikern und Allgemeinbildnern als konfliktreich an und meint dazu „Ich finde diese Unterscheidung entbehrlich, dumm und eigentlich überwiegend von jenen eingesetzt, die […] hier möglichst kleine Grüppchen schaffen, die sich leichter beherrschen lassen, […] natürlich gibt es Reibereien." (S5, S.6)

2. Angst vor emotionalen Reaktionen

Ein Gespräch mit Kollegen zu führen, um fachliche oder pädagogische Belange klären zu können meidet S1 bei „…bekannten Kollegen, […] da muss ich darauf achten, wie ich mit ihnen rede, damit mir der nicht gleich wieder in die Luft geht […] und das ist manchmal auch nicht angenehm, weil die relativ heftig reagieren können." (S1, S.1) „Es wird mehr oder weniger hinter dem Rücken dessen, über den sich viele ärgern, geredet, aber so richtig offen mit der Person zu sprechen, ist eine ganz schwierige Geschichte. Da muss man sich aber auch was trauen." (S1, S.10)

Auch bei S3 zeigt sich, dass unterschwellig geführte Konflikte, die nicht direkt mit den Betroffenen ausgetragen werden, weiterführen können. „…Konflikt auch unterschwellig vorhanden ist, was man durchaus auch als Mobbingform bezeichnen kann." (S3, S.5)

3. Autoritäre Position wäre von Vorteil

Als eines der Hauptprobleme in der Konfrontation mit Kollegen sieht S1 die Tatsache, mit den Kollegen und Kolleginnen hierarchisch gesehen auf einer Stufe zu stehen. „Du bist ja nicht berechtigt einem Kollegen irgendetwas zu sagen oder anzuschaffen. Das steht mir ja als Kollegin, in dem Sinne, nicht zu, jemandem anderen zu sagen, wie er seine Sachen machen soll." (S1, S.7) Diese Meinung passt auch zum Punkt 1, wo S3 es als Mobbingform bezeichnet hat.

4. Durch Lehrer/innenkonflikte Kompetenzverlust bei Schülern

Es sind auch schon Konflikte von Lehrern untereinander über die Schüler/innen gespielt worden, sodass Lehrer/innen zu den Schülern gesagt haben: „Na ja, der Kollege kennt sich ja überhaupt nicht aus […] und dass empfinde ich als eines der größten Konfliktpotentiale, wenn die Kollegen nicht miteinander können und ihre Konflikte vor den Schülern und über die Schüler austragen." (S1, S.8) Diese Situationen führen laut S1 oft auch zu Kompetenzverlust „… stehst vor den Schülern und bist eigentlich der Dumme in der Situation." (S1, S.8)

5. Ungleiche Bezahlung im Team

Auf die Frage, wie es den HTL-Lehrern / HTL –Lehrerinnen in der neuen Mittelschule geht, wenn sie gemeinsam mit einem Hauptschullehrer / einer Hauptschullehrerin unterrichten, antwortete S3 „… dass in der Hauptschulklasse der Hauptschullehrer die Verantwortung trägt, gerade dieser [aber] weniger bezahlt bekommt, als der im Teamteaching mitarbeitende akademische Lehrer aus einer HTL. Das ist Konfliktstoff." (S3, S.4)

6. Fächeraufteilung

Durch die neuen Lehrpläne in der HTL werden zwei klassische Lehramtsgegenstände zu einem Unterrichtsflächengegenstand zusammengelegt, Geografie einerseits und Geschichte andererseits und „…es gibt nur wenige Lehrer/innen, die beide Lehrämter besitzen." (S3, S.6) „…und dann gibt's hier natürlich die gleiche Spannung, dass der,

der beide Lehrämter besitzt, eben darauf pocht vorgezogen zu werden, um diesen Gegenstand zu unterrichten." (S3, S.6)

7. Unterschiedliche Notengebung

In geteilten Fächern, wie z.B. im Labor, in Konstruktionslehre oder in der Werkstätte, einigen sich die unterrichtenden Lehrer/innen auf die Schülernoten. „Natürlich gibt es immer wieder Spannungsfelder auch bezüglich Notengebung." (S3, S.6f) Bei Uneinigkeit wird die Notengebung in einer Konferenz, vom Abteilungsvorstand, „…in dessen Verantwortung die Konferenz liegt, entsprechend moderiert." (S3, S.7) „Das heißt, es liegt jetzt hier am Geschick des Abteilungsvorstandes, um diese Diskussion eskalieren zu lassen oder um diesen Konflikt wieder einzudämmen, zu bereinigen." (S3, S.7) Wobei es da durchaus passiert, dass der Konflikt unterdrückt, aber nicht aus der Welt geschafft wurde „…und dann zwischen den beiden Lehrern weiter unter der Decke schwellt und bei anderen Gelegenheiten wieder aufbricht." (S3, S.7) Auch hier können Konflikte, die unterschwellig weiterlaufen, wie in Punkt 1 auftreten.

8. Angst vor Beurteilung seitens Kollegen bei Zentralmatura

Laut S3 ist momentan feststellbar, dass sehr viele Lehrer die Zentralmatura abblocken, weil sie davor Angst haben, dass die zentral oder extern gestellten Aufgabenstellungen wesentlich schwieriger sind, diese von den Schülern und Schülerinnen nicht entsprechend absolviert werden „…und dann eine sehr schlechte Beurteilung herauskommt, die dann wieder auf die Lehrer/innen zurückfällt." (S3, S.11)

9. Konfliktarena wird auf Schüler und Schülereltern ausgeweitet

Dadurch „… dass es auch dazu kommt, dass dieser Konflikt vor der Klasse ausgetragen wird, [...] aber es nicht so ist, dass alle ein derartiges Konfliktmanagement besitzen, es innerhalb der Regeln des Anstands zu bearbeiten, kommt es hier zum Ausrasten…" (S3, S.8), weitet sich dieser Konflikt aus, indem die Eltern der Schüler/innen von den Schülern über Konflikte zwischen Lehrer/innen informiert werden und diese dann Rechenschaft vom Abteilungsvorstand einfordern. Hier wird dann die Pädagogische Hochschule um Amtshilfe angesucht. „Das heißt, es gibt dann eine schulinterne

Fortbildung, auch für diese kleine Gruppe, eine Mediationsgruppe, wo man mit dieser Methode versucht, diesen Konflikt zu bewältigen." (S3, S.8)

Folgende Punkte konnten der Kategorie **Spannungsfeld Lehrer/innen – Schüler** zugeordnet werden:

10. Geringere Sozialkompetenz als früher (geringe Disziplin , Übermüdung, Konzentrationsmangel und Leistungsdefizit)

Lehrer S2 verfügt über 30 Jahre Lehrerfahrung in der HTL und kann zurückblickend sagen, dass „…viele soziale Fähigkeiten oder Fertigkeiten nicht mehr in der Intensität von den Schülern mitgebracht werden, wie vor 20 oder 30 Jahren." (S2, S.6) Gewisse Fertigkeiten wie „… dass man vielleicht die Kappe runter gibt, wenn man mit ihm redet, dass man vielleicht eine Heftführung macht, dass man oben am Heft zu schreiben anfängt und unten aufhört und die Seiten nummeriert…" (S2, S.6) werden den Schülern und Schülerinnen laut neuem Lehrplan im Fachunterrichtsgegenstand Personal- und Sozialkompetenz beigebracht.

Ein anderer Lehrer meint zum neuen Fach Sozialkompetenz: „… das stößt auf breite Ablehnung bei uns, weil diese Stunden in technischen Kerngegenständen weggenommen werden müssen." (S5, S.3)

Lehrer S4 mit 31 Jahren Erfahrung schildert, dass die Leistungsfähigkeit und die Konzentrationsfähigkeit der Schüler früher sehr viel höher war, „…dass sie sich über einen längeren Zeitraum besser konzentrieren konnten und daher das Unterrichten viel angenehmer war als heute." (S4, S.1) Er meint auch „…dass es konfliktfreier war, dass die Disziplin der Schüler eigentlich sehr viel besser war, dass man weniger Anstrengung auf die Erhaltung von Aufmerksamkeit, auf die Vermeidung von Unruhe […] Wert legen musste. (S4, S.1) S4 gibt an, dass er massive Veränderungen seit etwa 15-20 Jahren bei den Schülern und Schülerinnen wahrnimmt. Veränderungen, die „…wahnsinnig viel Energie, sie irgendwie bei der Stange zu halten…" kostet. (S4, S.2)

Der interviewte Lehrer S6, mit rund 6 Monaten Unterrichtspraxis, gibt an: „Das Leistungsniveau, wird mir von den Lehrern gesagt, ist in den letzten 10 Jahren deutlich schlechter geworden." (S6, S.4) „Die Konkurrenz der Schule Videospiele, Freunde, Fernsehen und Computer drängt sich vor und will genossen werden. Diese Konkurrenz ermüdet die Schüler/innen und reduziert damit die Konzentrationsleistung in der Schule." (S6, S.4) Weiteres meint S6: „Der Regenerationsprozess passiert zum Teil in der Schule. Das merkst du auch. Und das kann natürlich zu Aggressionen führen." (S6, S.4)

11. In Fachschule schwerer zu handhaben, wegen geringerer Motivation

Dass die Schüler/innen in der Fachschule anders zu handhaben und weniger leistungsmotiviert sind sieht S6 als Hauptproblem. „Die Problematik der Fachschulen, ist eigentlich dieses Negative, das geringe Leistungsniveau, jene, die eigentlich etwas leisten wollen und vielleicht langsam sind, weiterkorrumpiert und die weiterhin unterdrückt." (S6, S.4)

„Im Fachschulbereich sind die Schüler/innen weniger bemüht und engagiert als in der Höheren und deswegen schwieriger zu handhaben." (S2, S.7)

12. Fehlzeiten ab Volljährigkeit

„Wenn wir Probleme mit Schülern haben, oder ich Probleme mit Schülern habe, dann ist das nicht, weil sie so extrem stören, sondern weil sie nicht anwesend sind." meint S2 (S2, S.7) und beruft sich da auf die „…Großjährigkeit, die mit dem 18. Lebensjahr dem Schüler die Möglichkeit gibt, die eigenen Fehlzeiten ab diesem Zeitpunkt selbst unterschreiben zu dürfen." (S2, S.7) Das schwappt dann auf die anwesenden anderen Schüler/innen über, die sich ungerecht behandelt fühlen, weil die Lehrer/innen, „…die fehlenden Schüler trotzdem positiv beurteilen. Denn der unbezahlte Zeitaufwand von Feststellungs- bzw. Nachtragsprüfungen führt zu Ärgernissen seitens der Lehrer/innen." (S2, S.8)

13. Konsequenzen einfordern wegen fehlender Rückendeckung schwierig

Lehrer/innen tun sich schwer Konsequenzen von den Schülern und Schülerinnen einzufordern, wie z.B. bei Fehlzeiten größeren Ausmaßes. „Das ist ein gewisses Konfliktpotential. Und wer will von den Lehrkräften um das gleiche Geld immer böse sein. [...] Wer will permanent sagen das reicht alles nicht aus, wer will sich dann den Juristen aussetzen, wer will sich den Beschwerdebriefen der Eltern aussetzen..." (S2, S.10) Weiteres klagt S2: „Ich frage mich ja, wieso ordnet man uns an, die Absenzen zu erheben, wann es keine Konsequenzen hat, außer dass man Akademiker [...] anhält stundenlang Listen zu führen und Zahlen zu addieren, die dann in eine weitere Liste eingetragen werden, die irgendwo in einem Personalakt verschwindet und keinen Menschen interessiert." (S2, S.10)

14. Motivation sinkt mit dem Alter (wenig Engagement)

Laut S2 sinkt die anfängliche Motivation in den ersten beiden Klassen (mit 14 bis 15 Jahren) mit 16 Jahren in der dritten Klasse, „...weil eine Freundin oder ein Freund dazukommt und mit 17 der Führerschein die höchste Priorität hat. Ab 18 Jahren wird die Zeit immer mehr für andere interessante Dinge verwendet, als für den Schulabschluss." (S2, S.8) Dieser Punkt deckt sich mit der Aussage von S6 zum Punkt 10.

15. Schüler immer unselbständiger

Unbehagen macht den Lehrern und Lehrerinnen laut S2, dass die Schüler/innen immer unselbstständiger werden und die Lehrer/innen mehr auf sie eingehen und sich ihnen mehr zuwenden müssen. (S2, S.14) „Man glaubt, sie sind ihrer Zeit weit im Entwicklungsstatus voraus, [...] aber das Infantile in ihnen, diese Unselbstständigkeit, wird scheinbar viel stärker ausgeprägt, so dass man sie bei der Hand nehmen muss, mach das und mach das, obwohl der Mensch 18 Jahre alt ist!" (S2, S.14)

16. Weniger Kommunikationsbereitschaft mit 16, 17 Jahren

Beginnend in der ersten Klasse mit 14 bis 15 Jahren sind die Schüler/innen „...vertrauensselig und mitteilungsbedürftig..." (S1, S.4) „... und in der zweiten und dritten Klasse wird das dann deutlich weniger. [...] Da sind sie wesentlich zurückhaltender [...], ziemlich pubertär, ziemlich anstrengend, ziemlich dumm, vor allem die Burschen können es ganz schön, also es ist eigentlich das anstrengendste Alter." (S1, S.4)

17. Probleme von zu Hause

S4 bemerkt in den letzten Jahren bei den Schülern und Schülerinnen „...dass mehr Probleme auftreten, auch offensichtlich zu Hause..." (S4, S.1) und schließt daraus, dass die Schüler/innen „...Probleme von zu Hause in die Schule mitnehmen." (S4, S.1)

18. Notentransparenz den Schülern gegenüber schützt vor Konflikten

S5 als Abteilungsvorstand lässt in seiner Abteilung den Schülern und Schülerinnen schon im Vorfeld Einblick in die Noten von Fächern, in denen Mischnoten zustande kommen, wie z.B. im Labor. „Auf die Art und Weise versucht man einfach diese Konfliktsituationen ein wenig zu bereinigen." (S5, S.2) Damit haben sie im Vorfeld die Möglichkeit, „...empfundene Ungerechtigkeiten oder irrtümlich falsch eingetragene Noten...", zu reklamieren. (S4, S.2)

19. Autoritäre Position ist von Vorteil

„...du hast immer eine gewisse Machtposition gegenüber den Schülern, die du letztendlich ausspielen kannst..." sagt die Lehrerin S1, um aufkommende Probleme mit Schülern und Schülerinnen letztendlich selbst zu bereinigen oder „...im schlimmsten Fall vom Direktor regeln zu lassen." (S1, S.10)

20. Klassenvorstand als Mittler

Die Rolle des Klassenvorstands ist auf Grund der tieferen persönlicheren Beziehung zu den Schülern und Schülerinnen mit ein Grund „...wenn die Schüler untereinander jetzt Konflikte haben und damit zu mir kommen, weil ich doch Klassenvorstand bin..." (S1, S.1) Lehrerin S1 gibt an, dass sie sich für ihre eigene Klasse in menschlicher und fachlicher Hinsicht verantwortlich fühlt, im Gegensatz zu den Klassen, die sie unterrichtet und nicht Klassenvorstand ist. Dort fühlt sie sich nur in fachlicher Hinsicht verantwortlich, „…während ich mich für die anderen Klassen, sag ich einmal, in menschlicher Hinsicht nicht so verantwortlich fühle." (S1, S.3)

Die gleiche Meinung teilt auch S4, der sich für die „…persönliche Ebene meiner Schüler nicht interessiere…", sondern sich ihnen nur fachlich verpflichtet fühlt. (S4, S.7) Als Klassenvorstand sieht sich S4 als „…Vermittler zwischen den Lehrerkollegen und Lehrerkolleginnen und den eigenen Schülern und Schülerinnen." (S4, S.8)

Für S1 stellt das Vertrauen zwischen Schülern und Schülerinnen und der Lehrkraft die wichtigste Grundlage dar, um mit den Schülern und Schülerinnen eine gute Gesprächsbasis haben zu können. „Die ganzen zwischenmenschlichen Probleme, oder die Hintergründe, die kriegst du eigentlich nur in deiner Klasse mit, wo du Klassenvorstand bist und auch nur dann, wenn du es schaffst eine gewisse Vertrauensbasis zu den Schülern aufzubauen. […] Dieses Vertrauen zu haben und nicht zu verlieren ist manchmal gar nicht so leicht." (S1, S.3) Ein Vertrauensverlust, wenn z.B. ein Versprechen oder eine Zusage nicht eingehalten wird, kann nur sehr schwer wieder revidiert werden. „Und wenn sie dann einmal das Gefühl haben, dass du deine Versprechen nicht einhältst, dass du deine Zusagen nicht einhältst, dann kommen sie auch weniger zu dir mit ihren Problemen." (S1, S.4)

21. Schülerprobleme an Eltern delegieren

Konflikte mit Schüler/innen, die aus der Rolle des Lehrers /der Lehrerin oder des Direktors / der Direktorin nicht gelöst werden können, werden an die Eltern delegiert. „Man muss sich immer überlegen, wie schwerwiegend die Sache ist, bzw. wenn es dann ganz arg wird, setzt man sich mit den Eltern in Verbindung." (S1, S.1) Bei Volljährigkeit der Schüler/innen fragt sich diese Lehrerin, „…ob es noch Sinn macht mit den Eltern zu reden, weil sich die Frage stellt, wie weit die Eltern noch Einfluss auf die Schüler/innen haben." (S1, S.2) Die Eltern geben den Ball manchmal an die Lehrer/innen mit den Worten zurück: „Was soll ich da machen?" und meinen „…das muss man sich als Lehrer in der Schule mit den Schülern regeln!" (S1, S.2) Eine schwierige Situation laut S1.

22. Vier-Augen Gespräche mit Lehrer/innen

Die Konfliktbereinigung erfolgt erfahrungsgemäß, so S1, „…am besten immer unter vier Augen, weil vor einer Gruppe geht es meistens gar nicht, weil sie vor der Gruppe immer stark sein wollen und wenn man da irgendwie was sagt, dann gehen sie voll auf Verteidigung und da ist es dann irrsinnig schwierig." (S1, S.2) Deswegen tendiert S1 dazu auftretende Probleme eher mit den Schülern und Schülerinnen als mit deren Eltern auszumachen.

Folgende Punkte konnten der Kategorie **Spannungsfeld Lehrer/innen – Vorgesetzte** zugeordnet werden:

23. Abteilungsvorstand (AV) dient als Vermittler bei Konflikten

S1 geht bei Konfrontationen mit Kollegen oder Kolleginnen nicht den Weg über den Abteilungsvorstand, weil sie dies als „petzen" sieht und versucht „… halt einmal mit dem Kollegen, unter vier Augen sozusagen, über die Situation zu reden." (S1, S.7)

Beim Teamteaching, wenn zwei Lehrer/innen eine geteilte Klasse unterrichten, müssen sich beide auf eine gemeinsame Note einigen. „Natürlich gibt es immer wieder Spannungsfelder auch bezüglich Notengebung." (S3, S.6), so Lehrer S3. Hier greift der AV moderierend ein und versucht gemeinsam mit den Lehrer/innen zu einer Einigung zu kommen „d.h. es liegt jetzt hier am Geschick des AV, um diese Diskussion eskalieren zu lassen oder um diesen Konflikt wieder einzudämmen, zu bereinigen. Wobei es da durchaus passiert, […] dass dieser Konflikt dann zwischen den beiden Lehrern weiter unter der Decke schwellt und bei anderen Gelegenheiten wieder aufbricht." (S3, S.7) Letztendlich kann der AV „…die Note durch Weisung bestimmen." (S3, S.8)

Eine gut funktionierende Möglichkeit Konflikte zwischen Lehrern und Lehrerinnen und den Schülern zu reduzieren, sieht der Abteilungsvorstand S5 in der Abhaltung von monatlichen Jour Fixes mit den gewählten Klassenvertretern. Hier bekommt er „…ungeschminkt Wünsche, Beschwerden und konkrete Vorwürfe über Lehrkräfte geäußert, die ich dann mit meinen Lehrern thematisiere." (S5, S.1f)

24. AV ist vorsichtig bei Weisungen wegen zu wenig verfügbarer Lehrer/innen

Dienstrechtliche Ausnahmeregelungen werden in der HTL immer wieder genehmigt, weil Angst besteht, dass Lehrer/innen sonst nur mehr Dienst nach Vorschrift machen „…und das ist eben wesentlich weniger, als unter normalen Umständen gemacht wird. […] Aus diesem Grund und weil Lehrermangel besteht wird sich der AV hüten Weisungen zu geben, oder ist zumindest sehr vorsichtig damit." (S3, S.2)

25. AV schützt vor Ministeriumsentscheidungen

S5 sieht seine Rolle als AV unter anderem auch darin, dass er ein angenehmes soziales Klima in der Abteilung aufrechterhalten muss, ein „…subjektives Gefühl der Sicherheit…" bietet und „…man muss die größten Dummheiten, die größten Bedrohungen, die von oben kommen abfedern und es muss der betreffende Mitarbeiter, die Kollegin die Sicherheit haben, wenn sie eine Entscheidung trifft, dass du hinter ihr stehst." (S5, S.7)

26. Direktor ist keine Unterstützung

S4 ist vom Direktor enttäuscht, weil er den Eindruck hat, keine Unterstützung von ihm zu bekommen, „…der Tagesbetrieb und was in der Schule abläuft interessiert ihn gar nicht so stark." (S4, S.3)

27. Lehrer/innen geschlossen gegen AV

Eine autoritäre Entscheidung des AV kann durch ein geschlossenes Auftreten der Lehrer/innen verändert werden, „…ich denke z.B. wenn alle Lehrer dagegen sind, wird er das nicht durchstehen können, also da kann man schon was bewirken." (S4, S.6)

28. „Vertrauenslehrer" als Vermittler zum AV

Wenn die Stimmung in einer Abteilung nicht gut ist und dafür der AV als „Schuldiger" gesehen wird, wird gerne ein Vertrauenslehrer herangezogen, der im Namen der Kollegen und Kolleginnen mit dem AV spricht und versucht „…in Art eines Feedbacks, ihm das einmal zu sagen, […] wie die Abteilung denkt." (S4, S.3)

Folgende Punkte konnten der Kategorie **Spannungsfeld Schulsystem** zugeordnet werden:

29. Mehrarbeit nicht honoriert

Notwendige Mehrarbeiten, die von den Lehrern und Lehrerinnen verlangt wird und pädagogisch notwendig sind werden nicht honoriert. „…wer will für Wiederholungsprüfungen zwei Tage am Schulanfang zur Verfügung stehen und schwere Entscheidungen treffen, die sich sicherlich auch auf die jungen Menschen schlecht auswirken, wenn er […] die gleichen Euro am Konto vorfindet." (S2, S.10f)

„Zum Großteil wird nichts bezahlt. Das ist etwas, was sehr unangenehm ist, […] dass man sehr viel in der Freizeit macht." sagt S4 und meint damit unter anderem auch Veränderungen, die auf Grund von Ministeriumsbeschlüssen von den Lehrer/innen durchgeführt werden müssen. „Das stößt natürlich vielen Kollegen sauer auf, […] dass sich das Ministerium bei gewissen Änderungen nicht überlegt, was alles zusätzlich an Arbeit für den Lehrer zukommt, wenn halt im Laufe des Jahres so immer wieder Verordnungen kommen, die das Leben eigentlich irgendwie erschweren und nicht gedacht wird an diese zusätzlichen Arbeitsleistungen, die durch mehr oder minder unnötige Veränderungen im System immer dann entstehen." (S4, S.4f) Ein Lehrer / eine Lehrerin muss sehr viel zusätzlich machen, so S4, z.B. die Kustodiate. Ein Kustos für Geografie bekommt fast genauso viel Geld wie ein Kustos für einen CAD-Saal mit 20 Computern, die am Laufenden gehalten werden müssen „…und ist überhaupt nicht vergleichbar in der Zeit und das schafft dann natürlich auch bei etlichen Kollegen ein bisschen Unmut und ein geringeres Engagement auf die Dauer." (S4, S.5)

30. Inadäquater Unterrichtsstil wegen Budgeteinsparungen

Das Unterrichten von fachpraktischen Gegenständen wie Labor und Werkstätte erfordert eine Aufteilung der Schüler/innen in mehrere Gruppen, „…damit gewährleistet ist, dass die Lehrer sich intensiv um jeden Einzelnen kümmern können. Diese intensive Obsorge ist wichtig, da viele Arbeiten [Strom, drehende Teile] Gefahrenpotentiale für die Schüler darstellen." (S2, S.12) Durch die Einführung der neuen Mittelschule, so S2, wandert das dafür notwendige Geld von der HTL in die

Mittelschule. „Dadurch ist eine Teilung in Gruppen nicht mehr möglich." (S2, S.12) „Das macht Unbehagen wenn man dann sagt, so große Einheiten können wir nicht machen, weil es ist ja ein Gefahrenpotential da. […] in der Chemie soll man nur mehr mit Wasser und Farbe arbeiten, […] in der Elektrotechnik den Strom überhaupt nicht mehr einschalten und nur mehr so tun als ob einer fließt." (S2, S.12)

31. Demotivierte Lehrer/innen, weil eigene Vision nicht gelebt werden kann

Laut S2 wird unter anderem jede/r deswegen Lehrer/in, weil es die Vision gibt, etwas zu realisieren. Die neue Unterrichtsform soll weg vom Frontalunterricht und hin zu mehr Selbsterfahrung gehen. Das funktioniert im Unterricht nicht mit so großen Schüler/innengruppen. „Grundsätzlich will ein Lehrer sich vermitteln, sich kundtun. Mit den neuen Unterrichtsformen nimmt man ihm diese Botschaft weg, denn jetzt wird er nur mehr Moderator. Man geht davon aus, dass sich die Kinder das selber ermitteln. Das ist Unbehagen." (S2, S.13) Weiteres stellt S2 als Direktor fest, dass die Lehrer/innen in seiner Schule durch das österreichische Bildungssystem demotiviert werden. „Die sind frustriert, die sind teilweise erschöpft, weil sie sich nicht realisieren können, weil die gesetzlichen Möglichkeiten rundherum nicht gegeben sind, […] und wandern daher in die geistige Isolation." (S2, S.15) „Die Einführung von Qualitätssicherung an den HTLs hat für Unruhe und starker Demotivation…" bei den Lehrern und Lehrerinnen gesorgt, weil die statistische Erhebung der Schülerdaten nicht sinnvoll erfolgt und daher auch „…keine adäquate Reaktion seitens der Lehrer und Lehrerinnen oder der Schulleitung möglich ist…", um Missstände verändern zu können. (S2, S.17) „…die Auswüchse des Qualitätsmanagements, die wir jetzt in der Schule im Augenblick haben, […] ein riesen Frust." (S2, S.17)

32. Keine Unterstützung in sozialen und pädagogischen Belangen

Aufgetretene Probleme mit Schülern und Schülerinnen hat S4 mit Hilfe von Tipps beseitigen können, die seitens Psychotherapeuten abseits des Schulsystems gekommen sind. „Diese Hilfestellung hätte ich aber von der Schule oder von der Organisation nur mühsam bekommen können. Es gibt ja bei uns Bildungsberater, die eher für die Schüler da sind und einen schulpsychologischen Dienst, den Herrn kennt man aber eigentlich kaum…" (S4, S.2) Frustration in der Lösungsfindung bei Fehlverhalten von Schülern,

„…da haben wir eben jetzt einen offiziellen Brief an das Ministerium geschrieben, welche pädagogischen Maßnahmen wir haben, dem entgegenzutreten. […] Und wir haben bis heute keinen Antwortbrief bekommen." (S4, S.8)

33. Machtlosigkeit der Lehrer/innen

Die Lehrer/innen-Gewerkschaft als Vertretung der Lehrer/innen ist laut S4 zu starr und konservativ. „…wenn sie so konservativ reagieren und reflexartig sagen, bei irgendeiner Änderung, die einer machen will, nein, kommt überhaupt nicht in Frage, fühl ich mich auch nicht vertreten. […] Aber als Einzelner gegen die Maschinerie des Ministeriums anzutreten ist unheimlich schwer." (S4, S.6) Was zur Folge hat, dass sich S4 machtlos fühlt und freies Agieren nur in dem kleinen Bereich der Abteilung für ihn möglich ist.

4.4. Interpretation

Die sich aus der Inhaltsanalyse ergebenden Kategorien und deren Unterpunkte zeigen auf Grund der Häufigkeitsverteilungen eine Rangreihenfolge der beeinträchtigenden Spannungsfelder. Die meisten Nennungen betreffen die Spannungsfelder Lehrer/innen – Kollegen/Kolleginnen mit 30 Nennungen und Lehrer/innen – Schulsystem mit 26 Nennungen. Bei keinen Spannungsfeldern konnten Unterschiede in der Wahrnehmung von Konflikten hinsichtlich der Rolle des Direktors, des Abteilungsvorstandes oder des „nur" Lehrers eruiert werden. Die Rolle des Klassenvorstands hingegen zeigte klare Unterscheidungen zum „nur" Lehrer im Spannungsfeld Lehrer/innen – Schüler/innen mit 21 Nennungen.

Der Bogen der Interpretation beginnt beim Spannungsfeld mit den meisten Nennungen:

Die **Spannungen mit Kollegen und Kolleginnen** zeigen, dass die Lehrer/innen die eigene Arbeit und den eigenen Unterrichtsstil oft für den einzig Richtigen halten und manchmal versucht wird, die anderen Kollegen und Kolleginnen davon in pädagogischer und fachlicher Hinsicht zu überzeugen. „…da doch zwischen Technikern im Lehrberuf eine gewisse Konkurrenzsituation besteht, sodass es immer wieder zu beobachten ist, dass hier versucht wird Einfluss auf den Kollegen zu nehmen…" (S3, S.5) Die Frage, wer die bessere Lehrkraft sei, fördert wahrscheinlich die Kompromisslosigkeit und Uneinsichtigkeit in Diskussionen und nicht den Willen auf den anderen einzugehen. Diese Uneinsichtigkeit seitens der Kollegen und Kolleginnen scheint für die Interviewten ein persönliches Problem darzustellen. Sie fühlen sich offensichtlich persönlich angegriffen und dies führt immer wieder zu Auseinandersetzungen. Einige dieser Auseinandersetzungen werden im Unterricht oder während der Pausen vor den Schülern ausgetragen, so dass Kollegen vor den Schülern bewertet oder auch diffamiert werden: „Na ja, der Kollege kennt sich ja überhaupt nicht aus…" (S1, S.8) und andere wieder führen zu einer schlechten Zusammenarbeit mit den Kollegen und Kolleginnen: „…wenn du im Team arbeitest […] gibt halt einige Kollegen, die sind sehr wenig kompromissbereit." (S1, S.1). Diese Zusammenarbeit ist aber z.B. im Labor unbedingt notwendig. Manche Lehrer/innen trauen sich kaum noch Kollegen und Kolleginnen auf Widersprüchliches anzusprechen oder sich auf

Diskussionen mit ihnen einzulassen, da sie Angst haben, dass die Betreffenden „ausrasten" oder ein langfristiger Konflikt entsteht, dem sie sich nicht gewachsen fühlen. „…da muss ich darauf achten, wie ich mit ihnen rede, damit mir der nicht gleich wieder in die Luft geht […] und das ist manchmal auch nicht angenehm, weil die relativ heftig reagieren können." (S1, S.1) Hier könnte auch schon Mobbing ein Thema sein, da unterschwellige Konflikte und das Austragen von Konflikten über Dritte angesprochen werden. „Es wird mehr oder weniger hinter dem Rücken dessen, über den sich viele ärgern, geredet, aber so richtig offen mit der Person zu sprechen, ist eine ganz schwierige Geschichte." (S1, S.10) Wie hoch ein eventueller Mobbinganteil unter HTL-Lehrer/innen ist und wie dieser Anteil im Vergleich zu anderen Berufsgruppen aussieht, ist aus dieser Untersuchung nicht ersichtlich. Begleitet werden diese Problemsituationen auch von der Angst vor der Schulklasse bloßgestellt zu werden und dem daraus folgenden Gesichts- oder Kompetenzverlust den Schülern und Schülerinnen gegenüber. In der HTL unterrichten drei sich unterscheidende Gruppen von Lehrern und Lehrerinnen, nämlich die akademischen Techniker/innen, die fachpraktischen Techniker/innen und die Lehramtspädagogen / Lehramtspädagoginnen, die jeweils unterschiedliche Ausbildungen, Praxiserfahrungen und pädagogische Vorbildungen haben. Nachdem diese Lehrer/innen hierarchisch gesehen auf der gleichen Stufe stehen, müssen die, an so einem Konflikt teilhabenden Personen, es schaffen, auf einen Konsens oder zumindest Kompromiss zu kommen, um weiterhin miteinander arbeiten zu können. Wenn das nicht möglich ist und der Lehrbetrieb es erfordert, versucht der Abteilungsvorstand moderierend einzugreifen und zu vermitteln, oder trifft weisungsmäßig die Entscheidungen. „Das heißt, es liegt jetzt hier am Geschick des Abteilungsvorstandes, um diese Diskussion eskalieren zu lassen oder um diesen Konflikt wieder einzudämmen, zu bereinigen." (S3, S.7) Die Weisungsgebung durch den Abteilungsvorstand bringt manchmal nur die dienstrechtlich notwendige Lösung, wie z.B. eine Schüler/innen-Note, kann aber unter Umständen unterschwellige Konflikte unter Kollegen und Kolleginnen nicht verhindern, sodass ein derart schwellender Konflikt „…bei anderen Gelegenheiten wieder aufbricht." (S3, S.7) Hier könnte es dann zu einer massiven Entladung kommen. Casale et al schreiben von „alltäglichen Risiken", die bewältigt werden müssen. (vgl.Kapitel 2.4, S.17) Im Schulalltag könnten diese Risiken darin bestehen, dass die Lehrkräfte bei der

Interaktion mit den Kollegen und Kolleginnen in Situationen geraten, die für die Lehrer/innen unbewältigbar sind. Dies kann aus Kompetenz- und/oder Zeitmangel entstehen. Hier könnte es unter Umständen hilfreich sein, mit den Kollegen und Kolleginnen Informationen auszutauschen und einander in beruflichen Herausforderungen zuzuhören. Es könnte zur Deeskalation und Entschärfung der Konfliktsituation beitragen. Dies sollte unter Einhaltung der Regeln des Anstandes auch möglich sein, nicht nur weil dadurch für die Schüler/innen ein angenehmeres Lernklima entstehen könnte. „Wenn ich darauf achte, dass es mir gut geht, wirkt sich das natürlich auf den Unterricht aus." (vgl. Aschenbrenner, S. 67). Aussage eines von Aschenbrenner interviewten Lehrers.

Im **Spannungsfeld Schulsystem** wird oft Enttäuschung und Frustration wegen unzulänglicher Ministeriumsentscheidungen angesprochen, die weder pädagogisch sinnvoll sind, noch von den Lehrer/innen in ihrer Arbeitszeit realisiert werden können. Die daraus resultierenden Überstunden werden nicht adäquat oder gar nicht bezahlt, was die Lehrer/innen verärgert und demotiviert. „Zum Großteil wird nichts bezahlt. Das ist etwas, was sehr unangenehm ist, […] dass man sehr viel in der Freizeit macht." (S4, S.4) Ebenso demotivieren Forderungen seitens der Gesetzgebung, wie z.B. Kürzung von technisch-orientierten Fächern zugunsten sozial-orientierter Gegenstände, die die fachliche Qualität des Unterrichts an der HTL reduzieren und die Schüler/innen damit weniger arbeitsgerecht, für den in erster Linie in Frage kommenden technisch-orientierten Arbeitsmarkt, vorbereiten. Durch die Budgeteinsparungen seitens der Regierung und die Investitionen in die „Neue Mittelschule" fehlt aber offensichtlich dadurch das nötige Geld für die HTLs, um die Klassen im fachpraktischen Unterricht weiterhin teilen zu können. Dadurch erspart man sich Lehrer/innen, die zusätzlich bezahlt werden müssten. Aufgrund dieser Nichtteilung entstehen zu große Gruppen, um weiterhin adäquaten und sicheren Unterricht in den Labors oder Werkstätten gewährleisten zu können. „Dadurch ist eine Teilung in Gruppen nicht mehr möglich. Das macht Unbehagen […] es ist ja ein Gefahrenpotential da. […] in der Chemie soll man nur mehr mit Wasser und Farbe arbeiten, […] in der Elektrotechnik den Strom überhaupt nicht mehr einschalten und nur mehr so tun als ob einer fließt." (S2, S.12) Die Pädagogen und Pädagoginnen scheinen hier einen sehr hohen Anspruch an der Ausbildungsqualität der Kinder zu haben und wollen ihre Vision diesbezüglich realisieren. Eine Vision, in der sie die Schüler/innen am Stand der Technik unterrichten und so optimal auf das Berufsleben, das die Lehrer/innen aus ihrer eigenen Praxis kennen, vorbereiten. Eine frustrierende Situation für die Pädagogen und Pädagoginnen und ein rein theoretischer Anschauungsunterricht für die Schüler/innen könnten daraus resultieren. Die Lehrer/innen, die teilweise selbst an einer HTL maturiert haben, haben damals erfahren, wie wertvoll der fachpraktische Unterricht für sie war und können es sich nicht vorstellen, diesen, für ihre eigenen Schüler/innen nur mehr auf theoretischer Basis durchzuführen. „Die sind frustriert, die sind teilweise erschöpft, weil sie sich nicht realisieren können, weil die gesetzlichen Möglichkeiten rundherum nicht gegeben sind..." (S2, S.15) Die daraus folgende Demotivation scheint, nach Wahrnehmung des Autors, mit ansteigenden Dienstjahren zu steigen. Die Lehrer/innen fühlen sich von den Behörden überrollt, d.h. dass sie bei Entscheidungen, die die Schule betreffen nicht eingebunden werden und Anweisungen Folge leisten müssen, die für die gestandenen Techniker/innen massive Qualitätsverluste und Einschränkungen betreffend des Unterrichts darstellen. „Aber als Einzelner gegen die Maschinerie des Ministeriums anzutreten ist unheimlich schwer." (S4, S.6) Gleichermaßen wird von den Interviewten berichtet, dass die fehlende Unterstützung seitens der Behörden in sozialen Belangen sehr frustrierend wirkt. Nach dem Ermessen des Autors müsste hier eine Diversifizierung der Spannungen im Schulsystem noch auf einzelne Zuständigkeiten, wie z.B. Bundesministerium für Unterricht, Kunst und Kultur, Wissenschaftsministerium, Landesschulräte etc. erfolgen, um klarere Rückschlüsse, die Problemursache betreffend, bilden zu können und um herauszufinden, wie die Lehrer/innen eine bessere Unterstützung bekommen können.

Rund ein Drittel Nennungen weniger als im Spannungsfeld Lehrer/innen – Kollegen/Kolleginnen gibt es im **Spannungsfeld Lehrer/innen – Schüler/innen**. Ein Thema, wo sich die Lehrer/innen in ihren Aussagen einig waren, ist die – im Vergleich zu früher – gesunkene Sozialkompetenz der Schüler/innen. (vgl. Kapitel 4.3.2 Punkt 10, S.49) Es zeigt sich hier, dass die für die Lehrenden gültigen gesellschaftlichen Normen von den Kindern kaum gelebt werden. Diese Regelverletzung scheint für die Pädagogen und Pädagoginnen einen Ausgangspunkt für Konflikte darzustellen, was auch von Smoliner so dargestellt wird. (vgl. Kapitel 2.5.1, S.18) Dies soll, nach dem Willen der Gesetzgebung, durch Einführung des Unterrichtsgegenstandes „Personal- und

Sozialkompetenz" wieder ausgeglichen werden. In diesem Fach lernen die Kinder z.B., dass man beim Hereinkommen grüßt, im Raum die Kopfbedeckung abnimmt und wie man Hefte führt (vgl. Kapitel 4.3.2 Punkt 10, S.49), was sich möglicherweise durch ein angenehmeres Lernklima in der Klasse bemerkbar machen kann. Wie schon im Schulorganisationsgesetz vermerkt, sind gemeinschaftsbildende Erziehungsmittel von Lehrer/innen anzuwenden (vgl. Kapitel 2.4, S.14). Gemeinschaftliches Arbeiten und Lernen in einer Gruppe von Gleichgesinnten könnte dafür ein sehr wirkungsvolles Erziehungsmittel darstellen. Vor allem könnten Lern- und Leistungsdefizite Einzelner durch bessere Schüler/innen innerhalb der Gruppe ausgeglichen und damit gleichzeitig mit dem Lernerfolg die Motivation der Schüler/innen gesteigert werden. Daher könnte das Fach „Personal- und Sozialkompetenz" z.B. auch in geblockter Form als Teambuilding-Seminarwoche angeboten werden. Auf der anderen Seite bewirkt diese Lehrplanänderung, dass die dafür notwendigen zusätzlichen Unterrichtsstunden von bestehenden technischen Unterrichtsgegenständen abgezogen werden, da laut Gesetzgebung die Schulstunden für die Schüler/innen nicht erhöht werden dürfen. „… das stößt auf breite Ablehnung bei uns, weil diese Stunden in technischen Kerngegenständen weggenommen werden müssen." (S5, S.3) Befürchtungen seitens der Lehrer/innen könnten hier sein, dass damit die Ausbildungsqualität der Schüler/innen in den technischen Fächern nicht mehr zu halten sein wird. Diese Diskrepanz stellt vermutlich einen Grund für die breite Ablehnung dieses Faches und gleichzeitiger Demotiviertheit der Pädagogen und Pädagoginnen dar, da der von der Wirtschaft gestellte hohe Anspruch an die Ausbildungsqualität der Absolventen und Absolventinnen von HTLs damit von den Lehrkräften selbst nicht (mehr) erfüllt und damit die eigene Vision nicht mehr gelebt werden kann. (vgl. Kapitel 4.3.2 Punkt 31, S.57). Im Schulorganisationsgesetz ist festgelegt, dass die HTLs die Aufgabe haben den Schülern die Ausübung eines gehobenen Berufes auf technischem Gebiet zu ermöglichen. (vgl. Kapitel 2.3, S. 11) Wieweit dieses Bundesgesetz aus dem Jahre 1962, mit der letzten Aktualisierung im Jahr 2009, mit den aktuellen Lehrplanänderungen umsetzbar ist, ist mit dieser Untersuchung nicht beantwortbar.

Der Aufwand die Schüler/innen im Unterricht „bei der Stange zu halten" ist laut S2, S4 und S6 heute viel höher als vor 15-20 Jahren, da die Konzentrationsdauer kürzer und die Disziplin geringer ist. Diese Disziplinlosigkeit stellt laut Smoliner einen guten Grund

für Konflikte zwischen Lehrer/innen und Schüler/innen dar. (vgl. Kapitel 2.5.1, S.18)
Eine Vermutung, die der Lehrer S6 anstellt, dass die Kinder heute mehr Ablenkung durch elektronische Spiele (Computer, Konsole, Fernseher, Handy) haben und die notwendige Regeneration in der Nacht nicht mehr erfolgt, weil sie außerdem später schlafen gehen (vgl. Kapitel 4.3.2 Punkt 10, S.49f), kann ein Grund für die Disziplinlosigkeit z.B. in Form von Unruhe darstellen. „Der Regenerationsprozess passiert zum Teil in der Schule. [...] das kann natürlich zu Aggressionen führen." (S6, S.4). Die aus der fehlenden Regeneration resultierende Übermüdung oder Überreizung des Kindes kann zu der von den Interviewten wahrgenommenen Unruhe und zum Konzentrationsmangel führen. Die gleichzeitige Beobachtung, dass die Schüler/innen Konflikt- und Gewaltbereiter sind, könnte aus der geringeren Sozialisation der Kinder und Jugendlichen im Vergleich zu früher resultieren. (vgl. Kapitel 2.2.3, S.9)

Ab dem Zeitpunkt der Volljährigkeit mit 18 Jahren dürfen die Schüler/innen ihre Fehlzeiten in der Schule selbst entschuldigen. Die ab diesem Alter stark steigende Anzahl an Fehlstunden in der Schule, lässt sich wahrscheinlich aus diesem Grund ableiten und bringt die Lehrenden und die Schüler/innen in eine problematische Situation. „Wenn [...] ich Probleme mit Schülern habe, dann ist das nicht, weil sie so extrem stören, sondern weil sie nicht anwesend sind." (S2, S.7) Möglichkeiten zu Konsequenzen den Schülern und Schülerinnen gegenüber wegen der vielen Fehlstunden haben die Lehrer/innen nur wenige, da es z.B. in der fünften Klasse (Maturaklasse) keine Betragensnote mehr gibt, deren Verschlechterung die Schüler/innen davon abhalten könnte übermäßig oft zu fehlen. Da die Schüler/innen laut S2 nicht abschätzen können, wie viel sie auf Grund der Fehlstunden nachlernen müssen, um die Prüfungen positiv ablegen zu können, kommen die Lehrer/innen in die Situation, diesen Schülern und Schülerinnen an zusätzlichen Terminen prüfen zu müssen. Manchmal ersparen sich die Pädagogen und Pädagoginnen diese Zusatztermine „Denn der unbezahlte Zeitaufwand von Feststellungs- bzw. Nachtragsprüfungen führt zu Ärgernissen seitens der Lehrer/innen." (S2, S.8) und beurteilen die Schüler/innen, wenn es von der restlichen Leistung her halbwegs vertretbar ist, auch ohne Zusatzprüfungstermin positiv. Beide Vorgangsweisen führen zu Konflikten für die Lehrer/innen. Einerseits zu Konflikte im sozialen Bereich, mit den sich ungerecht behandelten anderen Schülern und Schülerinnen. Da sie nicht einsehen, dass oft fehlende Schüler/innen keine

Konsequenzen tragen müssen und trotzdem positiv beurteilt werden. Seitens der Schüler/innen wird damit absolute Gerechtigkeit verlangt. Lehrer/innen, die in ihrem Führungsstil dies nicht verwirklichen, haben meist mit großem Widerstand zu rechnen. (vgl. Schenk-Danzinger, S. 197) Andererseits zu Konflikte im innerpsychischen Bereich, mit sich selbst, da diese unbezahlte Mehrarbeit für die Lehrer/innen ein Ärgernis darstellt. Die Fehlstunden werden, was gesetzlich vorgeschrieben ist, akribisch genau in Listen erfasst und abgelegt. Gesetzlich verankerte Konsequenzen für die Schüler/innen dürfte es aber, wie vorher schon erwähnt, kaum geben. Ein diesbezüglicher Brief an das zuständige Ministerium, der diese Sachlage klären sollte, blieb laut S4 unbeantwortet. „…einen offiziellen Brief an das Ministerium geschrieben, welche pädagogischen Maßnahmen wir haben, dem entgegenzutreten. […] Und wir haben bis heute keinen Antwortbrief bekommen." (S4, S.8) Wie schon im Spannungsfeld Schulsystem erwähnt, scheint auch in diesem Fall die Unterstützung seitens der Behörden sehr gering oder gar nicht vorhanden zu sein. Ein zusätzlicher Grund für die Erhöhung der Fehlstunden der Schüler/innen kann der, von den Lehrern und Lehrerinnen beobachtete, starke Motivationsverlust, in die Schule zu gehen und dafür zu lernen, ab dem Alter von etwa 16 Jahren sein. Eine weitere Problematik stellt die zurückgehende Selbständigkeit der Kinder dar. Sie führt dazu, dass die Lehrer/innen die Kinder auch noch im Alter von 18 Jahren „an der Hand nehmen" (vgl. Kapitel 4.3.2 Punkt 15, S.51) und sie durch den fachpraktischen Unterricht im Labor oder in der Werkstätte führen müssen. Die für diese Betreuung einzelner Schüler/innen notwendige Zeit steht aber nicht (mehr) zur Verfügung, da, wie schon im Spannungsfeld Schule beschrieben, die Kleingruppen nicht mehr finanziert werden können und damit die Individualität auf der Strecke bleibt. Dieser Umstand, wie schon in Kapitel 2.2.3 beschrieben, stellt möglicherweise einen der problematischsten Punkte für Lehrer/innen dar, weil sie die dafür notwendige Zeit nicht zur Verfügung haben und damit die Ausbildungsqualität der Schüler/innen auch in den fachpraktischen Gegenständen nicht mehr gewährleistet werden kann.

Die Vermutung aus Kapitel 2.2.3, dass die Schüler/innen heute mehr Probleme von zu Hause in die Schule mitnehmen und die Lehrer/innen damit mehr als früher in die Erziehung eingebunden werden (vgl. Kapitel 2.2.3, S.9), zeigt sich durch S4 (vgl. Kapitel 4.3.2 Punkt 17, S.52) bestätigt.

Es zeigt sich auch, dass bei Schüler/innen-Konflikten die Rolle des Klassenvorstands stark unterschiedlich zur „normalen" Lehrer/innen-Rolle ist. Alle befragten Lehrer/innen sind in einer „eigenen" Klasse Vorstand und unterrichten auch Schüler/innen anderer Klassen als „normale" Lehrer/innen. Die Klassenvorstände fühlen sich für die eigene Klasse nicht nur in fachlicher, sondern auch in menschlicher Hinsicht verantwortlich und fungieren hier zusätzlich auch als Vermittler/innen zwischen den Kollegen und ihren Schüler/innen. Sie haben hier eine Rolle als Vermittler, ähnlich dem der Abteilungsvorstände, die auch manchmal als Konfliktlöser zwischen Lehrer/innen eingesetzt werden. Diese Rolle als Vertrauensperson den Schülern und Schülerinnen gegenüber scheint den Lehrer/innen selbstverständlich zu sein, wenn es ihre eigene Klasse betrifft. Probleme mit Schülern und Schülerinnen, die schulintern nicht gelöst werden können, werden an die Eltern weitergetragen, die aber manchmal den Ball zurückspielen und die Verantwortung dafür in die Hände der Lehrer/innen legen. Die Antwort eines Elternteils, nachdem sich S1 in einem Konflikt mit einem Schüler hilfesuchend an die Eltern eines Kindes gewandt hat: „…das muss man sich als Lehrer in der Schule mit den Schülern regeln!" (S1, S.2) Was zur Folge hat, dass die Pädagogen und Pädagoginnen in erster Linie versuchen (müssen), die Schülerkonflikte selbst zu lösen. Unter vier Augen oder mit Hilfe des Klassenvorstands oder Abteilungsvorstands. Wie schon in Kapitel 2.2.3 erwähnt, werden Aufgaben, die traditionellerweise früher von der Familie übernommen wurden, an die Schule delegiert. (vgl. Kapitel 2.2.3, S.9) Was wiederrum dazu führt, dass die Lehrer/innen sich vermehrt erzieherischen Aufgaben zuwenden müssen. Dieser Umstand kann problematisch für die Lehrer/innen sein, weil sie die dafür notwendige Zeit kaum zur Verfügung haben, um individuell auf einzelne Schüler/innen eingehen zu können.

Eine geringe Beeinträchtigung der Lehrer/innen im Schulalltag tritt für die Interviewten im **Spannungsfeld Lehrer/innen – Vorgesetzte** mit ihren direkten Vorgesetzten, den Abteilungsvorständen (AV), auf. Die Abteilungsvorstände sind laut Gesetz berechtigt den Lehrer/innen Weisungen zu geben. Dies wird aber nur sehr vorsichtig gemacht. Grund dafür, dürfte der derzeit bestehende Mangel an Technikern, die in einer HTL unterrichten möchten, sein. Die Angst seitens der Vorgesetzten ist groß, dass von den bestehenden Lehrer/innen nur noch „Dienst nach Vorschrift" gemacht wird „…und das ist eben wesentlich weniger, als unter normalen Umständen gemacht wird. […] Aus diesem Grund und weil Lehrermangel besteht wird sich der AV hüten Weisungen zu geben, oder ist zumindest sehr vorsichtig damit." (S3, S.2) Viele der wichtigen schulerhaltenden Tätigkeiten, wie z.B. das Führen von Kustodiaten werden nicht adäquat, entsprechend der aufgewendeten Zeit, bezahlt „…und das schafft dann natürlich auch bei etlichen Kollegen ein bisschen Unmut und ein geringeres Engagement auf die Dauer." (S4, S.5), was bei „Dienst nach Vorschrift" zur Folge hätte, dass die Lehrer/innen nur noch ihre Pflichtstunden abhalten würden und der Schulbetrieb daher vermutlich nur mehr eingeschränkt möglich wäre. Diese Einschränkung könnte wiederum zum schon öfters beschriebenen Qualitätsverlust in der Ausbildung der Schüler/innen und in Folge zur Frustration der Lehrer/innen führen. Diese Vorgangsweise könnte ein Grund dafür sein, dass die Kommunikation und der Umgang von AV und Lehrer/innen miteinander mehrheitlich als eher angenehm und wenig problematisch dargestellt werden. Der interviewte AV sieht z.B. eine seiner Rollen darin, seinen Lehrer/innen ein subjektives Gefühl der Sicherheit und Rückendeckung gegenüber dem Ministerium und dem Landesschulinspektor zu bieten. „…man muss die größten Dummheiten, die größten Bedrohungen, die von oben kommen abfedern..." (S5, S.7) Diese Schutzfunktion scheint ähnlich der schon beschriebenen Rolle des Klassenvorstandes seitens der eigenen Schüler/innen zu sein. Der Kontakt zum nächsthöheren Vorgesetzten, dem Direktor der Schule, der dem AV vorgesetzt ist, kommt in den größeren Schulen von S3, S4, S5 und S6 mit 1.200 bis 3.600 Schülern nur selten zustande. Hier hat der interviewte Lehrer S4 erlebt, dass er keine Unterstützung bezüglich seiner Anliegen bekommen hat, weil „…der Tagesbetrieb und was in der Schule abläuft interessiert ihn gar nicht so stark." (S4, S.3) In einer derart großen Schule mit bis zu 400 Lehrern und Lehrerinnen kann der Direktor wahrscheinlich nur mehr über seine AVs den Schulbetrieb aufrechterhalten. Die Einflussnahme auf die vielfältigsten Situationen der verschiedenen Abteilungen in der HTL wird abteilungsweit von den AVs erledigt. Ähnlich wie in der Wirtschaft, wo der Geschäftsführer / die Geschäftsführerin bei vergleichbarer Größe, den Betrieb über Abteilungsleiter/innen führt. Anders verhält es sich in der Schule von S1 und S2 mit rund 150 Schülern und etwa 20 Lehrern, wo es auf Grund der geringen Größe keinen AV gibt und daher der Direktor die Position des direkten Vorgesetzten einnimmt. Es scheint in diesem Spannungsfeld nicht unterscheidbar zu sein, ob es sich beim direkten

Vorgesetzten um einen Direktor einer kleinen Schule oder einen AV einer größeren Schule handelt. Wichtig zu sein scheint die Tatsache, ob es sich um den direkten Vorgesetzten handelt, was die Unterstützung der eigenen Lehrer/innen betrifft. Daraus resultierend, dass der direkte Vorgesetzte kaum „harte" Weisungen gibt und eher beschützend agiert, stellt das Spannungsfeld Lehrer/innen – Vorgesetzte nur eine geringe Beeinträchtigung für die Interviewten dar. Die Rolle des Abteilungsvorstandes gibt es nur an HTLs, da in anderen Schultypen der Direktor / die Direktorin dem Lehrer / der Lehrerin direkt vorgesetzt ist. Ob sich daraus Unterschiede hinsichtlich des Spannungsfeldes und der Beeinträchtigung der Lehrer/innen ergibt, lässt sich aus dieser Untersuchung nicht ableiten.

Keine Beeinträchtigung stellt in dieser Untersuchung das **Spannungsfeld Lehrer/in – Elternteil der Schüler/innen** dar. Es wurde erwähnt, dass sich Eltern kaum in Konflikte zwischen Schülern und Lehrer/innen einmischen und damit diesen Teil der Erziehung dem Lehrer / der Lehrerin überlassen. Was in dieser Untersuchung nicht herauskommt ist, wie konfliktfrei die „unfreiwilligen" Gespräche zwischen Eltern und Lehrer/innen am Elternsprechtag ablaufen und wie weit die Sprechstunden oder informelle Treffen von den Eltern genutzt werden, um Informationen auszutauschen und Erziehungsfragen zu diskutieren. Da hier aber keinerlei Nennungen seitens der Interviewpartner/innen waren, stellt dies im Rahmen dieser Untersuchung auch kein kategorisiertes Spannungsfeld dar.

5. Zusammenfassung und Ausblick

Die für diese Untersuchung ausgesuchten Interviewpartner/innen sind Lehrer/innen, Abteilungsvorstände und Direktoren. Sowohl Direktor (S2) als auch Abteilungsvorstand (S5) sind gleichzeitig zu ihrer Funktion als Vorgesetzte auch pädagogisch als Lehrer tätig. Die Untersuchung gibt keinen Hinweis darauf, dass die sehr unterschiedliche Dauer der Lehrerfahrung (6 Monate bis 31 Jahre) zu einer unterschiedlichen Wahrnehmung der Spannungsfelder führt.

Einen relativ niedrigen Stellenwert, was Konflikte betrifft, hat das Spannungsfeld Lehrer/innen – Vorgesetzte. Hier wurde in erster Linie angeführt, dass man sich bei sozialen Konflikten mit Kollegen und Kolleginnen von den Vorgesetzten allein gelassen fühlt. Ebenfalls kaum erwähnt wurden Konfliktsituationen mit Eltern der Schüler/innen.

Im Spannungsfeld Schulsystem, haben die erfahreneren Lehrer/innen allerdings vermehrt die Desillusionierung der nicht (mehr) lebbaren Vision, Demotiviertheit und Frust angesprochen, vor Allem was die österreichische Bildungspolitik betrifft. Die Unterstützung in sozialen oder pädagogisch relevanten Belangen im System Schule (Ministerium, Direktor, Gewerkschaft) wurde als sehr schwach bzw. gar nicht vorhanden eingestuft.

Verglichen mit den Unterrichtserfahrungen vor 10-20 Jahren weisen die Schüler/innen heute weniger Sozialkompetenz auf, was sich im Spannungsfeld Schüler/innen – Lehrer/innen auf den Unterricht erschwerend auswirkt. Ebenfalls wahrnehmbar zurückgegangen sind Motivation und Leistungsbereitschaft der Schüler/innen.

Im Spannungsfeld Lehrer/innen – Kollegen und Kolleginnen, das am häufigsten angeführt wurde, hatten einige Interviewpartner/innen Lösungsansätze genannt, die sie selbst erfolgreich zur Konfliktregelung oder Konfliktprävention einsetzen. In erster Linie handelt es sich dabei um 4-Augen-Gespräche und um den Versuch der Konfliktbereinigung unmittelbar nach dem Auftreten. Genau diese Lösungsansätze sind es, die die Pädagogen und Pädagoginnen bei Konflikten weiterhelfen, weil die Unterstützung von außen kaum gegeben, zu langsam oder zu wenig effizient ist.

Die Frage, die sich hier der Autor stellt, ist, wie weit (verpflichtende) Fortbildungen der Lehrer/innen in der Handhabung von Konflikten sinnvoll und notwendig sind und wie diese Fortbildungen verbessert werden könnten. Die zuständigen Stellen für diese Art der Lehrer/innen-Fortbildungen sind die Pädagogischen Hochschulen.

Die Interviewpartner/innen äußerten sich fast einhellig negativ über bildungspolitische Entscheidungen und deren Auswirkungen auf die Lehrer/innen – nämlich Demotivation und Desillusion. Natürlich lassen sich diese Aussagen aufgrund der geringen Anzahl der Befragten nicht verallgemeinern. Aber sie ergeben Ansatzpunkte für weitere Untersuchungen: Erstens könnte man im Rahmen einer qualitativen Studie über ganz Österreich untersuchen, ob sich die Aussagen dieser Untersuchung erhärten lassen; zweitens könnte man den Ursachen der Unzufriedenheit genauer auf den Grund gehen; drittens untersuchen, wie die Bildungspolitik die Lehrer/innen bei ihrer Arbeit besser unterstützen könnte.

Die Untersuchung gibt auch Hinweise auf Lösungsansätze für die genannten Konfliktfelder: Erstens die Konfliktlösungsmethode in Schulen, die sich nach Untersuchungen von Ruble & Thomas ergeben haben, bieten hier eine Möglichkeit der Konfliktlösung und Konfliktprävention, die Lehrer/innen im System Schule selbst anwenden können und zweitens die Vereinbarungskultur nach Krumm, die die Beziehung zwischen Lehrer/innen, Eltern der Schüler/innen und den Schüler/innen selbst wesentlich verbessern kann. Da laut S4 „…die Schüler und Schülerinnen ihre Probleme von zu Hause in die Schule mitnehmen…" (S4, S.1), kann diese Vereinbarungskultur ebenfalls einen sinnvollen Rahmen darstellen. (vgl. Kapitel 2.5.3, S.27ff)

Ruble & Thomas (vgl. S.145f) untersuchen Konfliktlösungen in schulischen Institutionen. Deren angepasste Konfliktstrategien nach Whetten & Cameron (vgl. S. 97ff) sollen hier gezeigt werden. Diese hier dargestellten Konfliktstrategien sind personen- und kontextabhängig. Anhand einer zweidimensionalen Darstellung, sollen die relativen Positionen zweier Parteien, die in einem Konflikt zueinander stehen, sichtbar gemacht werden.

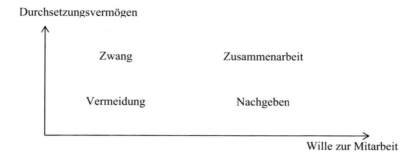

Abbildung 1: Konfliktstrategie nach Whetten & Cameron

Bei **Zwang** wird versucht, die eigene Position gegen den Wunsch anderer durchzusetzen. Diese Situation wurde von den Interviewpartnern im Spannungsfeld Lehrer/innen – Kollegen oft angesprochen. Daraus folgt üblicherweise eine „Win-Lose" Situation, z.B. dass sich Lehrer/innen dadurch gemobbt fühlen. (vgl. Kapitel 4.3.2 Punkte 1, 4 und 7, S.45ff) Bei **Nachgeben** im Gegensatz zu Zwang, wird die Position zu Gunsten einer Konfliktlösung aufgegeben. Daraus resultiert eine „Lose-Win" Situation. Die häufigste Paarung mit Zwang.

Vermeidung als Flucht vor der Austragung des Konflikts. Auch dieser Punkt wurde öfters angesprochen und dient der Vermeidung von „ausrastenden" Kollegen und Kolleginnen. Hier ist die Wahrscheinlichkeit recht hoch, dass der Konflikt erhalten bleibt und eine „Lose-Lose" Situation erreicht wird, was ein Interviewpartner auch bestätigt. (vgl. Kapitel 4.3.2 Punkt 2, S.46)

Bei **Zusammenarbeit** erarbeiten beide Parteien ein gemeinsames Ergebnis und können sich dabei voll einbringen. Hier entsteht eine „Win-Win" Situation. Die beste Möglichkeit in diesem Konfliktstrategiemodell das nach S1 zu einer „…sehr förderlichen Teamarbeit führt." (S1, S.1)

Eine alternative Lösungsmöglichkeit stellt der Kompromiss dar, der sich im Schnittpunkt dieses zweidimensionalen Modells befindet. Kompromisse, stellen im Vergleich zu einer Zusammenarbeit, eine, oft mit schlechtem Gefühl begleitete, Einigung dar, nicht das bestmögliche Ergebnis erzielt zu haben.

Dieses Modell kann zur Strategieentwicklung verwendet werden, indem eine Position einer Konfliktpartei an die andere Position der anderen Partei angepasst wird, was oft zu einem Stillstand führt und in Folge durch geschicktes Verhandeln – wie es oft durch den Abteilungsvorstand geschieht (vgl. Kapitel 4.3.2 Punkt 23, S.54) – zu einer Zusammenarbeit führen kann. Diese Zusammenarbeit könnte z.B. in der Teamarbeit (vgl. Kapitel 4.3.2 Punkte 1, 5 und 7, S.45ff) eine erhebliche Reduktion des Konfliktpotentials darstellen.

6. Literaturverzeichnis

Apel, Hans Jürgen (2000). *„Dein größter Erzieher, deutsches Volk, heißt Adolf Hitler."* *– Schule als Stätte der Indoktrination.* In S. Kirk, J. Köhler, H. Lohrenz, U. Sandfuchs (Hrsg.), Schule und Geschichte. Funktionen der Schule in Vergangenheit und Gegenwart (S. 207-223). Bad Heilbrunn: Klinkhardt

Apel, Hans Jürgen, Sacher, Werner (2005). *Schulpädagogik als Wissenschaft.* In H. J. Apel, W. Sacher, Studienbuch Schulpädagogik. Bad Heilbrunn: Klinkhardt

Aschenbrenner, Susanne (2010). *Fort- und Weiterbildung von Lehrer und Lehrerinnen an berufsbildenden höheren Schulen im Wald- und Weinviertel im Schuljahr 20082009.* Unveröffentlichte Diplomarbeit. Wien: Universität Wien

Attenslander, Peter (2003). *Methoden der empirischen Sozialforschung.* Berlin: Walter de Gruyter

Beck, Monika und Winfried (2008). *Probleme im Lehrer-Eltern-Verhältnis.* Unveröffentlichte Masterarbeit. ARGE Bildungsmanagement

Begabtenförderung (1999). www.begabtenzentrum.at/wcms/index.php?id=205,0,0,1,0,0 (28.12.2010)

Blossing, Ulf (2006). *Von der Elterninformation zum individuellen Entwicklungsplan. Erfahrungen mit Elterngesprächen in Schweden.* In Pädagogik, Heft 9/2006, S. 34-39

Bortz, Jürgen, Döring, Nicola (2002). *Forschungsmethoden und Evaluation für Human- und Sozialwissenschaftler.* Berlin: Springer-Verlag

Brezinka, Wolfgang (1995). *Erziehungsziele, Erziehungsmittel, Erziehungserfolg.* Beiträge zu einem System der Erziehungswissenschaft. 3. Aufl. München: Reinhardt

Brockmeyer, Rainer (1996). *Lernen in einer dynamischen und offenen Gesellschaft – die Rolle der Schule.* In Schulentwicklung. Arbeits- und Forschungsberichte aus

Bereichen der Schulversuche und Schulentwicklung. Band 27. Wien: ÖBV Pädagogischer Verlag

Carle, Ursula. (2000). *Was bewegt die Schule? Grundlagen der Schulpädagogik, Band 34.* Baltmannsweiler: Schneider Verlag Hohengehren

Casale, Rita, Oelkers, Jürgen, Tröhler, Daniel (2004). *Lebenslanges Lernen in historischer Perspektive.* Drei Beispiele für ein altes Konzept. In Zeitschrift für Pädagogik. 50. Jahrgang 2004 – Heft 1 (S. 21-37). Weinheim: Beltz Verlag.

Dick, Rolf van (2006). *Stress und Arbeitszufriedenheit bei Lehrerinnen und Lehrern.* Zwischen „Horrorjob" und Erfüllung. Marburg: Tectum.

Doralt, Werner (Hrsg.) (2008). *Schulgesetze.* Wien: LexisNexis Verlag ARD Orac

Eikenbusch, Gerhard (2006). *Von der stillen Partnerschaft zum aktiven Dialog.* Wege zur Elternarbeit in der Schule. In Pädagogik, Heft 9/2006, S. 6-10

Fend, Helmut (1990). *Bildungskonzepte und Lebensfelder Jugendlicher im sozialhistorischen Wandel.* In L. Leitner (Hrsg.). Schulentwicklung. Wie öffnet sich die Schule neuen Entwicklungen und Aufgaben? (S. 42-65). Wien: Österreichischer Bundesverlag

Fischer-Rosenthal, Wolfram, Rosenthal, Gabriele (1997). *Warum Biographieanalyse und wie man sie macht.* In Zeitschrift für Erziehungswissenschaften. 17. Jahrgang S. 404-427.

Glasl, Friedrich (2002). *Selbsthilfe in Konflikten.* Stuttgart: Freies Geistesleben

Groeben, Norbert, Rustemeyer, Ruth (2002). *Inhaltsanalyse.* In König, Eckard und Zedler, Peter (Hrsg.), Qualitative Forschung. Grundlagen und Methoden (S. 233-258). Weinheim und Basel: Beltz Verlag

Gymnich, Rene (1999). *PädPsych.* Das pädagogische Lexikon für Schule und Studium. Baltmannsweiler: Schneider Verlag Hohengehren

Hamann, Bruno (2002). *Neue Herausforderungen für eine zeitgemäße und zukunftsorientierte Schule*. Frankfurt am Main: Peter Lang Verlag

Hehlmann, Wilhelm (1971). *Wörterbuch der Pädagogik*. 10. Auflage. Stuttgart: Kröner

Henecka, Hans Peter, Wöhler, Karlheinz (1978). *Schulsoziologie: eine Einführung in Funktionen, Strukturen und Prozesse schulischer Erziehung*. Stuttgart: Urban

Hopf, Christel (1991). *Qualitative Interviews in der Sozialforschung. Ein Überblick.* In: Flick, Uwe (Hrsg.). Handbuch Qualitative Sozialforschung. Grundlagen, Konzepte, Methoden und Anwendungen (S. 177-181). München: Psychologie Verlags Union

Jackson, Philip (1973). Was macht die Schule? In betrifft: Erziehung. Heft 5, S.18-22

Jahnke, Jürgen (1982). *Sozialpsychologie der Schule*. Opladen: Leske + Budrich

Jonak, Felix (Hrsg.) (1993). *Das Österreichische Schulrecht*. Wien: ÖBV Pädagogischer Verlag.

Koch, Gertraud. *Kommunikationspraxis*. In Tsvasman Leon (Hrsg.). Das große Lexikon Medien und Kommunikation. Kompendium interdisziplinärer Konzepte. Ergon: Würzburg, 2006

Krappmann, Lothar, Oswald, Hans (1995). *Alltag der Schulkinder. Beobachtungen und Analysen von Interaktionen und Sozialbeziehungen*. Weinheim & München: Juventa

Krumm, Volker (2002). *Erziehungspartnerschaft*. Gute Schule durch Vereinbarungen zwischen Schule und Elternhaus. www.lernwelt.at/downloads/erziehungspartnerschaftvortrag.pdf (30.12.2010)

Kurtz, Hans-Jürgen (1983). Konfliktbewältigung im Unternehmen. Köln: Deutscher Institutsverlag.

Kytir, Josef, Münz, Rainer (1994). *Jugend in Österreich – demografische Aspekte einer Lebensphase*. In Janig & Rathmayr. Innsbruck: Österreichischer Studien Verlag

Lange, Bernward (2005). *Imagination aus der Sicht von Grundschulkindern*. In Mayring, Philipp und Gläser-Zikuda (Hrsg.). Die Praxis der Qualitativen Inhaltsanalyse (S. 37-62). Weinheim und Basel: Beltz Verlag

Lenger, Romana (2008). *Beratungskompetenz im schulischen Feld*. Unveröffentlichte Masterarbeit. Wien: ARGE Bildungsmanagement

Leitner, Werner, Ortner, Alexandra, Ornter, Reinhold (2008). *Handbuch Verhaltens- und Lernschwierigkeiten*. Weinheim und Basel: Beltz Verlag.

Lojka, Judit (2009). *Schulklima - Interaktionsraum Schule*. Unveröffentlichte Diplomarbeit. Wien: Universität Wien

Lutz, Thomas (2006). *Regelmäßige Lern- und Entwicklungsgespräche*. „Das zweite Gespräch war schon ganz anders …". www.praxiswissen-schulleitung.de/public1/pwsl/home.nsf/startwa?OpenFrameset (30.12.2010)

Mayring, Philipp (1991). *Qualitative Inhaltsanalyse*. In Flick, Uwe (Hrsg.), Handbuch Qualitative Sozialforschung. Grundlagen, Konzepte, Methoden und Anwendungen (S. 209-213). München: Psychologie Verlags Union

Mayring, Philipp (2000). *Qualitative Inhaltsanalyse. Grundlagen und Techniken*. Weinheim: Deutscher Studien Verlag

Mayring, Philipp (2002). *Einführung in die qualitative Sozialforschung: eine Anleitung zu qualitativem Denken*. Weinheim: Beltz

Mayring, Philipp (2005). *Neuere Entwicklungen in der qualitativen Forschung und der Qualitativen Inhaltsanalyse*. In Mayring, Philipp und Gläser-Zikuda, Michaela (Hrsg.), Die Praxis der Qualitativen Inhaltsanalyse (S. 7-19). Weinheim und Basel: Beltz Verlag

Miller, Reinhold (1999). *Beziehungsdidaktik*. 3. Auflage. Weinheim, Basel: Beltz-Verlag

Mullins, Laurie (1989). *Management and Organizational Behaviour.* 2nd Edition. In Rosemary Thomson and Eion Farmer (1999). Managing Relationships (S. 31f). Milton Keynes: Open University

Oswald, Friedrich (1989). *Schulklima.* Wien: Universitätsverlag

Petillon, Hanns (1980). *Soziale Beziehungen in Schulklassen.* Weinheim/Basel: Beltz

Pfitzner, Michael (2005). *Beratung und Profession. Beratung als professionelle Aufgabe von Lehrern.* In H. J. Apel, W. Sacher (Hg.). Studienbuch Schulpädagogik. Bad Heilbrunn: Klinkhardt

Radtke, Frank-Olaf (1996). *Wissen und Können.* Die Rolle der Erziehungswissenschaft in der Erziehung. Opladen: Leske + Budrich

Reinhoffer, Bernd (2005). *Lehrkräfte geben Auskunft über ihren Unterricht.* In Mayring, Philipp und Gläser-Zikuda (Hrsg.). Die Praxis der Qualitativen Inhaltsanalyse (S. 123-141). Weinheim und Basel: Beltz Verlag

Ruble, Thomas, Thomas, Kenneth (1976). *Support for a two-dimensional model of conflict behaviour.* Organizational Behaviour and Human Performance. In Rosemary Thomson and Eion Farmer (1999). Managing Relationships (S. 36/37), Milton Keynes: Open University

Sacher, Werner (2007). *Kooperation zwischen Schule und Elternhaus.* Gelingensbedingungen und Stolpersteine. In Guter Unterricht. Friedrich Jahresheft XXV 2007, S. 84f

Sandfuchs, Uwe (2000). *Funktionen der Schule.* Historische und Aktuelle Betrachtungen zur Schule zwischen Kritik und Programmatik. In S. Kirk, J. Köhler, H. Lohrenz, U. Sandfuchs (Hrsg.). Schule und Geschichte. Funktionen der Schule in Vergangenheit und Gegenwart. (S. 9-42). Bad Heilbrunn: Klinkhardt

Schenk-Danzinger, Lotte (1976). *Schriften zur Lehrerbildung und Lehrerfortbildung. Entwicklungspsychologie.* Wien: Österreichischer Bundesverlag für Unterricht, Wissenschaft und Kunst

Schmied, Claudia (2007). *Zum Geleit.* In Rauscher, Erwin (Hrsg.). Pädagogik für Niederösterreich. Festschrift zur Gründung der PH NÖ. Baden: Druckerei Philipp

Schullerus, Doris (2007). *Veränderungen der Lehrer-Eltern-Beziehungen in den vergangenen 10 Jahren.* Möglichkeiten für den Einsatz der Mediation als Konfliktlösungsverfahren im Volksschulwesen. Unveröffentlichte Masterarbeit. Wien: ARGE Bildungsmanagement

Schütze, Fritz (1977). Die *Technik des narrativen Interviews in Interaktionsfeldstudien* – dargestellt an einem Projekt zur Erforschung von kommunalen Machtstrukturen. Manuskript

Schulorganisationsgesetz (SchOG). *Bundesgesetz vom 25. Juli 1962 über die Schulorganisation (Schulorganisationsgesetz)* BGBl. Nr. 242/1962, zuletzt geändert durch BGBl. 1 Nr. 44/2009.
www.bmukk.gv.at/schulen/recht/gvo/schog_01.xml (Zugriff: 22.12.2010)

Schulunterrichtsgesetz (SchUG). *Bundesgesetz über die Ordnung von Unterricht und Erziehung in den im österreichischen Schulorganisationsgesetz geregelten Schulen (Schulunterrichtsgesetz 1986 – SchUG).* BGBl. Nr. 472/1986 (WV), zuletzt geändert durch BGBl 1. Nr. 112/2009.
www.bmukk.gv.at/schulen/recht/gvo/schug.xml (Zugriff: 22.12.2010)

Schweer, Martin (Hrsg.). (2000). *Lehrer-Schüler-Interaktion.* Pädagogisch-psychologische Aspekte des Lehrens und Lernens in der Schule. Oplanden: Leske + Budrich - Reihe Schule und Gesellschaft

Selter, Joachim, Wilczek, Ines (2000). *Hochschulkurs – Management-Fortbildung für Führungskräfte an Hochschulen.* Konfliktmanagement. Freie Universität Berlin.
www.hochschulkurs.de/FK2.pdf (Zugriff: 12.1.2011)

Smoliner, Hans. *Differenzen und soziale Konflikte in der Schule*. Einführung in die Methoden der kooperativen Konfliktregelung. Modul 5 Konfliktpsychologie. www.schulpsychologie.at/schuelerberatung/lehrgang/M5-soziale_konflikte.pdf (Zugriff: 12.1.2011)

Socher, Rainer (2010). *Proseminar A - Sozialwissenschaftliche Methoden*. Wien: ARGE Bildungsmanagement

Tritscher-Archan, Sabine, Mayr, Thomas (Hrsg.) (2008). *Berufsbildungspolitik in Österreich*. Fortschrittsbericht zu den Entwicklungen 2006 – 2008. Wien: Institut für Bildungsforschung der Wirtschaft.

Whetten, David, Cameron, Kims (1984). *Contract re-design*. Personnel Administrator. Glenview: Scott Foresman.

7. Tabellenverzeichnis

Tabelle 1: Zusammenfassung Interviewpartner — 39

Tabelle 2: Daten Interviewpartner — 41

Tabelle 3: Häufigkeitsverteilung Kategorie 1 — 42

Tabelle 4: Häufigkeitsverteilung Kategorie 2 — 43

Tabelle 5: Häufigkeitsverteilung Kategorie 3 — 43

Tabelle 6: Häufigkeitsverteilung Kategorie 4 — 44

8. Abbildungsverzeichnis

Abbildung 1: Konfliktstrategie nach Whetten & Cameron   70

Der Autor

Daniel Passweg wurde 1963 in St. Pölten geboren. Sein Weg führte ihn über das TGM Wien und ein Physikstudium an der Technischen Universität Wien zu einer Tätigkeit als Informationstechnologe in Firmen und als Dozent für Informatik an Pädagogischen Hochschulen, Fachhochschulen und am Wifi Wien.

Durch die Diplomausbildungen zum Psychologischen Berater (NLP und Systemische Familienberatung), NLP-Trainer und Supervisor (Existenzanalyse) ist er selbstständig in eigener Praxis tätig.

Als Lehrbeauftragter für Kommunikation, Führungsverhalten, Motivation und Konfliktdiagnostik sowie als Moderator und Mediator an Schulen und Universitäten wurde sein Interesse an human-wissenschaftlicher Forschung geweckt. Dies führte ihn zum sozialwissenschaftlichen Studium Counseling, das er mit dem Master of Science abschloss. Der Autor ist sehr am Menschen und seiner Entwicklung interessiert. Seine Forschungsarbeiten kommen, aufgrund der bisher mehr als 20-jährigen Lehr- und Beratungstätigkeit im Bildungsbereich, vorwiegend aus diesem System.